Natália Dourado von Rahden
Teresa Di Fonzo

Vamos lá

Grundkurs Portugiesisch
Aktualisierte Ausgabe

Max Hueber Verlag

An der Entstehung dieses Buches haben mitgewirkt:

Jürgen von Rahden
Maria Moura
João Moura
Manuel Nobre
Manuela Nobre
Maria José Prata
Rolf Weil
Adelina de Almeida Sedas
J. Guilherme de Almeida Sedas
Constança de Andrade
Peter Stegmann

Ihnen allen gilt unserer besonderer Dank.

3. 2. 1. | Die letzten Ziffern
2009 08 07 06 05 | bezeichnen Zahl und Jahr des Druckes.
Alle Drucke dieser Auflage können, da unverändert, nebeneinander benutzt werden.
1. Auflage

Layout: Eckhard Popp, Markt Schwaben
Verlagsredaktion: Elisabeth Stiefenhofer, Ismaning
Zeichnungen: Herbert Horn, München
Umschlagfotos: Herbert Schiessl, Unterföhring
Peter Moerkerk, Unterhaching
Satz: Kurt Schindler, Bild- und Textverarbeitung GmbH, München
Druck: Ludwig Auer GmbH, Donauwörth
Printed in Germany
ISBN 3-19-005386-3

VORWORT

„**Vamos lá** – lasst uns aufbrechen“: unter dieses Motto haben wir unseren Portugiesischkurs für Anfänger gestellt. Er vermittelt Ihnen Grundkenntnisse der portugiesischen Sprache, die es Ihnen ermöglichen, sich mit portugiesischen Muttersprachlern in Alltagssituationen zu verständigen.
Schritt für Schritt lernen Sie

- sich einzuhören in die (für Ausländer nicht ganz leichte) Aussprache des Portugiesischen
- zu verstehen, was portugiesische Gesprächspartner Ihnen sagen möchten
- sich selbst auf Portugiesisch (mündlich wie schriftlich) zu äußern.

Damit Sie nicht auf halber Strecke stecken bleiben, möchten wir Ihnen aus der Praxis ein paar Tipps für das (Nach-)Lernen zu Hause mit auf den Weg geben:

- Wenn Sie eine Unterrichtsstunde versäumt haben, fragen Sie andere Kursteilnehmer oder den Kursleiter nach dem Lernstoff der letzten Stunde.
- Zu Ihrem Lehrbuch **Vamos lá** gibt es eine CD bzw. Kassette mit Aufnahmen der wichtigsten Lektionstexte. Sie sind im Buch mit dem Tonbandsymbol gekennzeichnet. Hören Sie die entsprechenden Textstellen ein paar Mal an und lesen Sie mit.
- Sie werden nicht alles gleich verstehen. Erschließen Sie deshalb mit Hilfe des Lektionswortschatzes im Anhang des Buches Passagen, die Sie nicht auf Anhieb verstanden haben und kehren Sie dann zum Text zurück. Am Ende dieser Arbeitsphase sollten Sie keine Verständnislücken mehr haben.
- Prägen Sie sich nicht nur den neuen Wortschatz, sondern auch die neuen grammatischen Strukturen der Lektion ein. Eine systematische Zusammenstellung und Erläuterung finden Sie ebenfalls im Anhang des Buches in der nach Lektionen angeordneten Grammatikübersicht.
- Wiederholung ist wichtig! Beziehen Sie in Ihre Arbeit immer auch Lernstoff aus vorhergehenden Lektionen mit ein, um vorhandene Kenntnisse zu festigen.
- Zum Schluss noch ein Wort zum Vokabel-Lernen: es gibt viele Möglichkeiten der Wortschatzarbeit. Eine der wirksamsten ist es zweifellos, sich nicht isolierte Vokabeln, sondern Satzzusammenhänge einzuprägen. Sie können sich auch eine eigene Vokabelkartei anlegen, in der Sie Ausdrücke, Verbformen, grammatische Strukturen etc. notieren, die Sie noch nicht sicher beherrschen. Konzentrieren Sie sich beim Lernen auf dieses Material. Karteikärtchen, deren Inhalt Sie sich angeeignet haben, werden abgelegt, so dass Sie Ihre Lernfortschritte gut kontrollieren können.

Wir möchten, dass Ihnen das Portugiesisch-Lernen Spaß macht. **Vamos lá!**

INHALT

TURISMO

UNIDADE 1

1

□ Boa tarde. Eu sou a Gabriela Antunes,
E o senhor? Como se chama?
■ Eu chamo-me Paulo Garcia.
□ E a senhora?
○ Eu chamo-me Manuela Nobre.
□ E a senhora?
● ...

Eu sou o ...	a ...
Eu chamo-me ...	

E o senhor?	Como se chama?
E a senhora?	

Actividade 1 Eu chamo-me...

Ihr Portugiesischkurs findet das erste Mal statt. Nehmen Sie mit anderen Kursteilnehmern Kontakt auf.

2

□ Quem é o senhor Cardoso?
■ Sou eu.
□ E a senhora Dona Margarida?
○ Sou eu.
□ E o senhor Silva? Quem é?
△ É ele.

Quem é	o senhor...?
	a senhora Dona...?
	a menina...?

Sou eu.	É	ele.
		ela.

3

- □ O senhor é o Sr. Sousa?
- ■ Sou sim.
- □ Gabriela Antunes.
- ■ Muito prazer.
- □ Igualmente.
  E a menina é a Sónia Marques?
- ○ Não. Não sou. Sou a Graça Real.
- □ Desculpe… como?

O senhor A senhora A menina	é	o Sr. Cardoso? a Sra. D. …? a Sónia Marques?

Sou sim.
Não. Não sou.
Não. Eu chamo-me…

Actividade 2 É a Nina Hagen?

Jeder Teilnehmer schreibt den Namen einer bekannten Persönlichkeit, deren Rolle er spielen will, auf einen Zettel und gibt diesen dem Kursleiter/der Kursleiterin.
Die Zettel werden gemischt und zurückgegeben. Jeder steht auf und sucht die Person, deren Namen auf dem erhaltenen Zettel steht. Wenn sie gefunden wird, stellt man sich vor. Sonst entschuldigt man sich und sucht weiter.

4

Gabriela Antunes.	Muito prazer.	Igualmente.
Este é o Paulo. Esta é a Clara.	Olá!	

Actividade 3 Quem é este?

□ Quem é este? É o Hitchcock?
■ Não. Não é. É o Billy Wilder.

□ Quem é esta? É a Marylin Monroe?
■ Não. Não é. É a Madonna.

Ronaldo?
Figo

Otelo Saraiva?
Mário Soares

Lídia Jorge?
Maria João Pires

Agustina Bessa Luís?
Vieira da Silva

José Saramago?
Fernando Pessoa

Mariza?
Amália Rodrigues

5

□ Bom dia, Sra. D. Margarida.
■ Ah! Sr. Sousa, como está?
□ Bem, obrigado, e a senhora?
■ Mais ou menos.
□ E o menino como vai?
■ Ah! Ele está sempre bem...
...
□ Bem, então adeus, minha senhora.
■ Adeus!

6

□ Olá Manuela, como vai?
■ Bem, obrigada, e o Paulo?
□ Estou óptimo.
Como é o novo director?
■ Simpático...
□ Ainda bem. Então, adeusinho.
■ Até logo, Paulo.

7

□ Olá Carlos, como estás?
■ Estou bem, obrigado, e tu?
□ Estou óptimo.
■ Esta é a Ana Maria.
□ Olá, Ana Maria.
○ Olá, e tu, como te chamas?
□ João.

Bom dia Boa tarde	minha Senhora, Sr. Silva,	como está?
Boa noite Olá	Manuela, Margarida,	como vai? como estás?

(Estou)	bem/óptima. óptimo. mais ou menos. mal.

Actividade 4 Como está?

Stehen Sie auf und sprechen Sie drei Personen verschiedenen Alters an. Begrüßen Sie sie, und fragen sie nach ihrem Befinden.

Actividade 5

Procure a resposta certa:

Quem é o Sr. Weber?	É a Maria José.
O senhor, como se chama?	Não. Não sou. Eu sou a Sónia.
Quem é esta?	Mário Fontes.
Como está, minha senhora?	Sou eu.
O Sr. Silva está bem?	Não, está mal.
A menina é a Carla?	É a Amália Rodrigues.
Desculpe ... quem é esta menina?	Sou sim.
Tu és o Paulo?	Não estou bem.
Vai bem, Paulo?	Óptimo, obrigado, e a Fernanda?

Actividade 6

Am Hauptbahnhof in Lissabon werden Sie von zwei Portugiesen erwartet, die Sie zwar per Brief kennen, aber nie gesehen haben. Sie heißen Manuela und Paulo. Sprechen Sie verschiedene Personen an und stellen Sie sich auch vor.

Actividade 7 Dominó

Bilden Sie mit den unten stehenden Wörtern acht Sätze unter Verwendung von jeweils drei Satzelementen.

quem | a Sra. D. Clotilde? | como está
o Manuel? | então | chamas?
senhora? | é | estou
como | e o senhor? | mais ou menos
Cláudia | chamo-me | e tu?
Clara Nunes | minha | adeus
vai | sou | a Lina Rocha
muito prazer | olá | como te

UNIDADE 2

1

□ Olá, Suzana.
Estes são os meus amigos
Armando e Maria Helena.
■ Muito prazer.
Donde é o senhor?
○ Sou do Porto.
■ Ah, sim? Gosto muito do
Porto.
○ E a senhora, donde é?
■ Sou de Lisboa, e você?
△ Eu também sou de
Lisboa.
...

UNIDADE 2

Donde é	o senhor? a senhora? você?	

Donde são vocês?
Donde és?

Donde é a Ana?

Sou de Somos de	Lisboa. Hamburgo. Bremen.

Sou do Porto.

É do Rio de Janeiro.

Actividade 1 — Eu sou de...e você?

- □ Eu sou de Bremen e você, donde é?
- ■ Eu também.
- □ E vocês, donde são?
- ■ Nós somos de Paris.

- □ Eu sou do Porto. E tu, donde és?
- ■ Eu sou de Aveiro.
- □ Gosto muito de Aveiro.

Londres	Estugarda	Friburgo	Porto Alegre
Sevilha	Paris	Viena	Évora
Coimbra	Francoforte	Leiria	Tavira
Braga	Florença	São Paulo	Olhão

Actividade 2 — Donde é?

Construa frases.

E tu Carlos, E você, E o Sr. Silva, E a Sra. D. Clara, E a Heike, E você, Ina,	donde é? donde és?	De Do	Porto. Rio de Janeiro. Faro. Lisboa. Aveiro. Munique.

2 Onde fica…?

a Porta de Brandeburgo?

o Arco de Triunfo?

o Manneken-Pis?

o Pão de Açúcar?

a Torre de Belém?

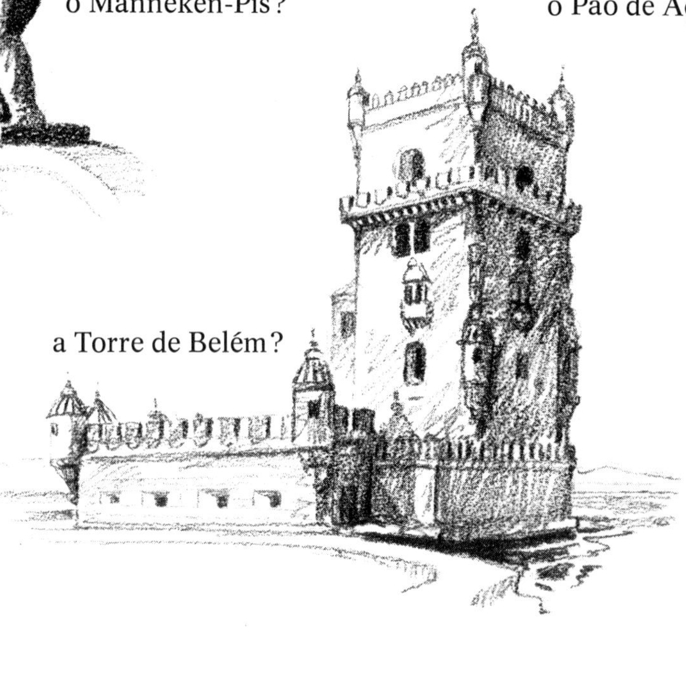

UNIDADE 2

o Big Ben?

a Acrópole?

o Kremlim?

esta torre?

a Ponte D. Luís?

Em No	Berlim. Bruxelas. Paris. Londres. Rio. Atenas. Lisboa. Moscovo. Pisa. Porto.

3

□ Como é que te chamas?
■ Ana, e tu?
□ Mário. Donde és?
■ De Beja, mas moro em Lisboa.
□ Lisboa é uma linda cidade para morar, não é?
E o que fazes aqui em Faro? Estás de férias?
■ Não, estou aqui a trabalhar.

A senhora,	onde mora?
Mário,	onde moras?

Moro em	Lisboa. Hamburgo. Paris.
Moro no	Porto. Rio de Janeiro.

A senhora,	o que faz aqui?
E tu,	o que fazes aqui?

Estou aqui	de férias. a trabalhar. a aprender… a falar…

Actividade 3 Onde moras?

Sie sind in Portugal. In Ihrer Pension gibt es heute Abend eine Party und Sie wollen einige Personen (siehe S. 21) näher kennen lernen (Franco, D. Maria …). Erkundigen Sie sich nach Wohnort und Herkunft.

□ Franco, onde moras?
■ Moro em Florença.
□ És mesmo de Florença?
■ Não, sou de Roma.

Continue …

Franco	**D. Maria**	**Heinrich**	**Mr. Stew**	**Annie**
Florença	Lisboa	Colónia	Miami	Paris
Roma	Faro	Kassel	Oxford	Marselha

4

Actividade 4 Está lá?

Spielen Sie zusammen mit einem Partner / einer Partnerin diesen Dialog auf Portugiesisch nach.

Paulo	**Rosa**
Sie rufen Ihre Freundin Rosa in Portugal an.	Sie nimmt ab.
Sie fragen, ob Sie mit Rosa sprechen und sagen, wer Sie sind.	Rosa erkennt Sie und fragt, wo Sie sind.
Sie sind in Faro.	Rosa fragt, was Sie dort machen.
Sie verbringen dort Ihre Ferien.	Rosa fragt nach Ihrem Befinden.
Es geht Ihnen ausgezeichnet. Sie fragen zurück.	…

Sie werden leider durch eine Störung unterbrochen.

5

□ Desculpe, você é estrangeira?
■ Sou sim, sou alemã. E você é português?
□ Sim, sou daqui, do Porto. Está aqui de férias?
■ Sim e não.
□ Como?!
■ Estou aqui com um grupo alemão
a aprender português.
□ Já fala muito bem.

Você é Tu és	estrangeiro? alemão? português? espanhol? suíço? italiano? inglês? francês?	estrangeira? alemã? portuguesa? espanhola? suíça? italiana? inglesa? francesa?	Sou sim. Não. Não sou.

Actividade 5 Ele é grego?

□ Günter Grass é austríaco?
■ Não. É alemão.

Continue ...

Günter Grass	austríaco
Melina Mercouri	francês
Mário Soares	português
Marlene Dietrich	americano
Figo	italiano
Amália Rodrigues	inglês
Mikhail Gorbatchov	russo
José Saramago	grego
Woody Allen	alemão
Sofia Loren	japonês

Actividade 6 Muito prazer!

Sie sind (als Franco Venturi z. B.) bei einem Fest in Portugal soeben einem anderen Gast (Teresa Santoro) vorgestellt worden.
Entwickeln Sie einen Dialog, in dem Sie versuchen, so viele Informationen wie möglich über Ihren Gesprächspartner zu bekommen (z. B. Herkunft, Nationalität, Aufenthaltsgrund...)

Franco Venturi/italiano	↔	Teresa Santoro/brasileira
Julie Smog/inglesa	↔	John Swinging/australiano
Marcel Durel/francês	↔	Marianne Kusick/suíça
Marco Ávila/peruano	↔	Mercedes Pérez/espanhola
Irena Moro/croata	↔	Karen Svendsen/dinamarquesa

Actividade 7

Sie sind in Portugal und werden von einem Portugiesen am Strand angesprochen. Beantworten Sie seine Fragen.

□ É estrangeiro/a, não é?

■ ______________________

□ Donde é?

■ ______________________

□ Porque está em Portugal?

■ ______________________

□ Então, adeus.

■ ______________________

Actividade 8

Sie haben gehört, dass Ihr neuer Nachbar Portugiese ist. Sie treffen ihn und wollen ihn kennen lernen.

Sie fragen ihn, ob er Portugiese ist.	☐ ____________________ ■ Sou sim.
Sie fragen, aus welcher Stadt er kommt.	☐ ____________________ ■ De Leiria.
Sie stellen sich vor und fragen nach seinem Namen.	☐ ____________________ ■ José de Almeida.
Sie verstehen seinen Namen nicht und fragen zurück.	☐ ____________________ ■ Al-mei-da.

Actividade 9 Compreensão auditiva

Hören Sie sich das Gespräch an.

Bilden Sie dann mit zwei anderen Kursteilnehmern eine Gruppe und teilen Sie sich mit, was Sie verstanden haben, auch wenn es nur ein Wort ist. Versuchen Sie gemeinsam, den Inhalt zu erschließen.

T **No café**

Regina: Desculpe, este lugar está livre?
Manuel: Sim, faz favor. É estrangeira, não é? Donde?
Regina: Sou de Munique e estou aqui a aprender a língua.
Manuel: Ah! Interessante! E onde aprende? Na Cambridge School ou na CIAL?
Regina: Não, estou com um grupo alemão e com o nosso professor.
Manuel: Com um professor alemão?
Regina: Não, não, com um professor português. Chama-se Miguel Mota. É muito bom.
Manuel: Mas você também já fala muito bem. O que faz hoje à tarde, está livre?

Regina: Sim. Porquê?
Manuel: Vamos à Feira Popular?
Regina: Feira Popular?! Hum! Não sei...
Manuel: Mas sim. Porque não?
Regina: E onde é?
Manuel: É aqui já.
Regina: Então, está bem.
Manuel: Vamos lá... Mas... como se chama?
Regina: Regina.

Actividade 10

Hören Sie sich das Gespräch nochmals an.

Welche der folgenden Aussagen ist richtig (certo) oder falsch (errado)? Kreuzen Sie die entsprechenden Kästchen an.

	certo	errado
1. O Manuel está no café.	☒	☐
2. O Manuel é estrangeiro.	☐	☒
3. A Regina está a aprender português.	☒	☐
4. A Regina hoje está livre.	☒	☐
5. A Regina não vai à Feira Popular.	☐	☒

Vergleichen Sie Ihre Ergebnisse mit denen zweier anderer Kursteilnehmer.

Actividade 11

Hören Sie das Gespräch ein drittes Mal an, und vervollständigen Sie mit Ihrem Gesprächspartner die folgende Erzählung.

__________________ Regina. É ____________ de __________________.

Está ____________ Portugal a __________________.

O grupo é ________ mas o professor é ________. A Regina já fala ________.

Hoje, o Manuel ______ à Feira Popular com ______.

1

□ Vamos tomar alguma coisa?
■ Sim, boa ideia. Tenho uma sede…
□ Então vamos ao café.

Vamos tomar alguma coisa?

Vamos ao café?
à discoteca?
à praia?

Sim, | boa ideia. / vamos lá. / está bem.

Desculpe, hoje não posso.
Não tenho tempo.

Actividade 1 Bom dia, Sr. Sousa!

Sie verbringen Ihren Urlaub in einer Ferienwohnung in Faro. Heute ist Markt, und Sie wollen einkaufen. Unterwegs treffen Sie Ihren Vermieter (einen Portugiesen), der Sie zu einem Drink einlädt.
Spielen Sie den Dialog.

Actividade 2 Vamos ao cinema?

Ihr Nachbar macht Ihnen einen Vorschlag für die Gestaltung des Abends.
Sie können annehmen, ablehnen oder etwas anderes vorschlagen.

Discoteca

Restaurante

Snack-bar

2

- □ A senhora, o que toma?
- ■ Eu tomo um chá.
- □ E tu também, João?
- ○ Não. Não gosto de chá. Prefiro um café.

- □ Bebe uma cerveja?
- ■ Sim, obrigado.
- □ E vocês, o que bebem?
- ○ Eu bebo uma limonada.
- ● Para mim um copo de leite quente.

A senhora, E você,	o que	toma? bebe?
E tu João,		tomas/ bebes?
E vocês,		tomam/ bebem?

Tomamos um café?

Eu tomo Eu bebo Para mim Para nós	um bagaço. um chocolate. um sumol. um café. um garoto. um conhaque. uma cerveja. uma bica. uma laranjada. uma água mineral.

Sim, obrigado/a.
Não, eu prefiro uma gasosa.

Actividade 3 O que é que tomamos?

□ Tomamos uma cerveja?
■ Eu sim.
□ E você?
○ Eu prefiro um chá.

Continue…

□ Tomas um sumo natural?
■ Não. Não gosto de sumo.
Prefiro uma bica.

Continue…

Actividade 4 O que é que prefere?

Complete com o verbo *preferir* e com *um* ou *uma*.

1. □ O que é que ____________ Holger? ______ chá ou ______ bica?
   ■ ____________ bica.
2. □ Senhor Silva, o que ____________, ______ conhaque ou ______ whisky?
   ■ ____________ whisky, faz favor.
3. □ Monika, o que é que ____________, ______ laranjada ou ______ coca-cola?
   ■ ____________ copo de leite.
4. □ Você, o que é que ____________, ______ porto ou ______ cherry?
   ■ ____________ porto.
5. □ Vocês, o que ____________, ______ limonada ou ______ gelado.
   ■ ____________ gelado.
6. □ Natália, o que é que ____________, ir a ______ restaurante ou a ______ discoteca?
   ■ Eu ____________ ir a ______ restaurante.

3 Números

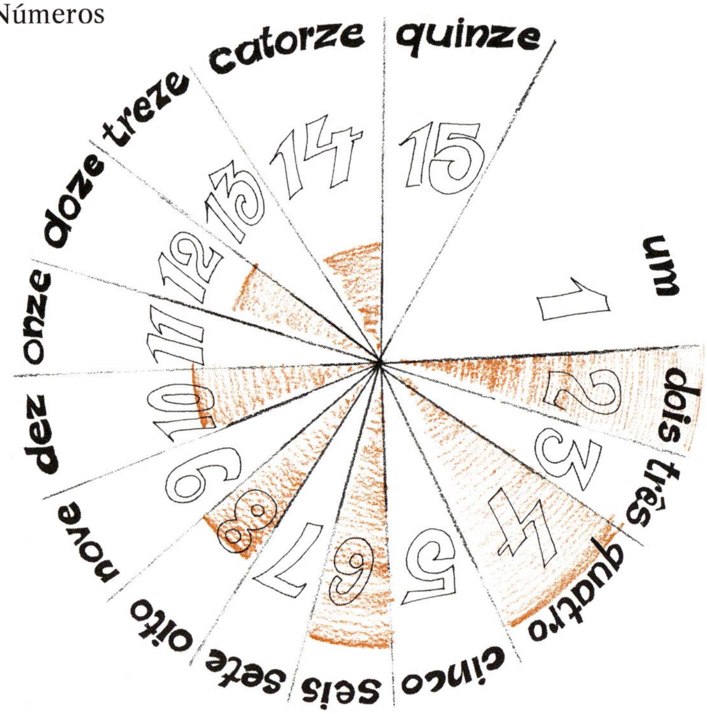

16 dezasseis · 17 dezassete · 18 dezoito · 19 dezanove · 20 vinte · 21 vinte e um · 30 trinta · 31 trinta e um · 40 quarenta · 41 quarenta e um · 50 cinquenta · 51 cinquenta e um · 60 sessenta · 61 sessenta e um · 70 setenta · 71 setenta e um · 80 oitenta · 81 oitenta e um · 90 noventa · 91 noventa e um

Actividade 5 Jogo do Blupp

1. Bilden Sie Gruppen von fünf bis sieben Spielern.
   Man zählt von 1 bis 20. Der erste Spieler fängt mit der Zahl 1 an, der zweite Spieler fährt mit der Zahl 2 fort, usw. Dabei dürfen die Zahlen, die durch 4 (verbotene Zahl) geteilt werden können oder die eine 4 enthalten, nicht ausgesprochen werden. Stattdessen sagt der Spieler *Blupp!!* Wenn er sich irrt, fängt er das Spiel wieder von vorn an.
   Versuchen Sie die Zahlen immer schneller auszusprechen.
2. Nehmen Sie eine andere „verbotene Zahl“.

4

- □ Faz favor! … Um café com leite, duas bicas e um bagaço.
- ■ Desculpe, mas hoje não há café. A máquina não funciona. Só há bebidas frescas.
- ○ Então, para mim um leite frio.
- ■ E para os senhores?
- □ Duas cervejas.
- ■ Então, são duas cervejas e um leite frio.

um café		dois cafés
um chá		dois chás
um garoto	(se) faz favor	dois garotos
uma bica		duas bicas
uma cerveja		duas cervejas

Actividade 6 Faz favor!

Sie sind zu dritt in einem Café und überlegen sich, was Sie trinken.
Eine(r) von Ihnen ruft den Kellner und bestellt die gewünschten Getränke.
Wechseln Sie die Rollen.

5 □ Quanto é um chá e um bolo?
■ São 2,35 euros.

BEBIDAS QUENTES

Café (bica)	€ 0,70
Cappuccino	€ 1,90
Garoto	€ 0,70
Galão	€ 1,40
Copo de leite	€ 0,70
Chocolate quente	€ 1,40
Nescafé	€ 0,70
Chá	€ 1,65

REFRIGERANTES

Cerveja (imperial)	€ 1,20
Cerveja (garrafa)	€ 1,50
Água mineral $\frac{1}{4}$	€ 0,85
Pepsi Cola	€ 1,70
Laranjada	€ 1,35
Limonada	€ 1,35
Sumo natural de laranja	€ 2,20
Sumo natural de limão	€ 2,20

VINHOS E AGUARDENTES

Vinho tinto Aliança (copo)	€ 0,80
Vinho branco «seco»	€ 0,80
Vinho do Porto	€ 2,85
Sangria Jarro	€ 4,50
Bagaceira	€ 1,25
Whisky velho	€ 4,50

PÃO / PASTELARIA / GELADOS

Sandes fiambre/queijo	€ 1,40
Croissant	€ 1,00
Tosta fiambre/queijo	€ 2,20
Tosta mista	€ 2,45
Gelado/copo	€ 2,00

Actividade 7 Quanto é?

□ Um sumo de laranja, quanto é?
■ São 2.20 euros.

Continue …

6

□ Olhe! Faz favor?
■ Sim, o que desejam?
□ Uma cerveja bem fresca.
○ Eu queria comer alguma coisa. O que tem?
■ Temos torradas, croissants, sandes...
○ Uma sandes de queijo e um bolo.
■ E para beber?
○ Uma cerveja também.
■ Vem já.

O que	deseja?
	desejam?

Queria	uma sandes de queijo.
Queríamos	comer alguma coisa.

O que tem?

Temos	torradas.
	croissants.
	sandes.
	bolos.

Actividade 8 O que deseja?

□ Faz favor!
■ O que deseja?
□ ...

□ Por favor!
■ O que desejam?
□ ...

Continue...

UNIDADE 3

Actividade 9

Compreensão auditiva

Hören Sie sich das Gespräch an. Bilden Sie Gruppen von drei bzw. vier Personen. Teilen Sie sich mit, was Sie verstanden haben.

T **Na casa da Ana**

A: Oh! Maria! Que surpresa!
M: Olá, Ana. Olha, desculpa lá, mas eu queria muito apresentar-te a Carla.
A: Olá, Carla, muito prazer.
C: Obrigada, igualmente.
M: E tu Ana, como estás?
A: Muito bem. A Carla está a morar com a Maria?
C: Sim.
A: Donde é?
C: Sou de Viseu.
A: E o que faz em Lisboa?
C: Estou de férias.
A: Mas a Maria não está a trabalhar?
C: Sim, está.
A: Então, de dia está muito só...
C: Ah! Não faz mal. Há tantos parques, cafés e cinemas em Lisboa...
A: O que é que vocês tomam? Tenho refrigerante, campari, e um óptimo aperitivo, um porto branco...
M: Para mim um campari, faz favor.
C: Tem água? Tenho uma sede...
A: Água mineral?
C: Tanto faz.
A: O que é que vocês fazem hoje à noite?
M: Nada. Porquê? Tens uma ideia?
A: Porque não vamos ao cinema?
M: Óptimo.

Actividade 10

Hören Sie sich das Gespräch nochmals an. Notieren Sie drei Fragen, die im Dialog vorkommen. Vergleichen Sie in Ihrer Gruppe die Ergebnisse.

Actividade 11

Hören Sie sich das Gespräch ein drittes Mal an, und versuchen Sie, in Gruppen die folgenden Fragen zu beantworten.

1. A Carla está num hotel?
2. A Carla está a trabalhar em Lisboa?
3. E a Maria está de férias?
4. De dia, a Carla está muito só?
5. As três vão hoje ao teatro?

1

sala

bar

quarto

O HOTEL ARRIBAS é um hotel de três estrelas, moderno e confortável, situado em plena Praia Grande, a 30 km do centro de Lisboa e perto do centro histórico da vila de Sintra, património mundial. Dispõe de 39 quartos e 19 suites, todos com vista para o

piscina

sala/pequeno almoço

restaurante

HOTEL ARRIBAS ***
Sintra-Portugal

mar, terraço privativo e equipados com ar condicionado, aquecimento, mini-bar, telefone directo e TV por satélite.
Para lazer o nosso hotel possui uma enorme piscina de água salgada, restaurante, bar, salas de jogos, televisão e leitura.

2

- □ Bom dia! Ainda há um quarto livre?
- ■ Sim senhor.
- □ Eu queria um quarto individual para duas semanas.
- ■ Com banho?
- □ Sim. Quanto custa?
- ■ É 80 € a diária.
- □ Está bem.
- ■ O seu passaporte, faz favor.
- □ Aqui está.
- ■ Obrigada.

			banho.
Queria	um quarto individual	sem	chuveiro.
	um quarto duplo/de casal		pensão completa.
Queríamos	um quarto com duas camas	com	meia pensão.
			pequeno almoço.

Actividade 1 Há uma garagem no hotel?

Construa frases.

ainda	tem há queria/ queríamos	uma piscina muitos cafés um quarto livre uma garagem um mini-bar dois quartos uma sala de jantar bebidas frescas água quente	para hoje à noite na casa em Lisboa no hotel no quarto com banho

Actividade 2 Queria uma informação

Rufen Sie die drei folgenden Hotels an. Erkundigen Sie sich, ob Zimmer frei sind, wie sie ausgestattet sind, und erfragen Sie den Preis des gewünschten Zimmers.

□ Estou, Hotel Botânico!
■ Bom dia. Queria uma informação, por favor.

*							Preço c/ p. almoço
*** Hotel Botânico	–	×	×	×	×	×	Ind. € 85 Duplo € 98
** Henriques	–	×	×	×	×	×	Duplo € 74
* Pensão Ninho das Águias	10	6	–	–	–	–	Ind. € 25 Duplo € 45

* *quarto s/banho privativo – quarto c/banho – ar condicionado – mini-bar – televisão – ligação à internet*

3

□ Tem um quarto com três camas para dez dias e com meia pensão?
■ Infelizmente não. Temos só dois quartos duplos.
□ Quanto custa?
■ 98 euros.
□ Por pessoa ou por quarto?
■ Por pessoa com meia pensão.
□ É um pouco caro ...
■ Temos um quarto mais barato, mas sem banho. Serve?
□ Sim, está bem.
■ Aqui tem as chaves. São os quartos 25 e 29.

Tem um quarto	para hoje à noite? para uma semana? para dez dias?
Quanto custa	por quarto? por pessoa? a diária?

Actividade 3 Tem ...

Sie fragen nach:
2 Doppelzimmern
Dusche
Preis
Halb-/Vollpension
2 oder 3 Wochen

Die Empfangsdame antwortet:
2 Doppelzimmer
Bad
450 € pro Woche und Person
nur Frühstück

4

- □ Olhe, faz favor. A que horas podemos tomar o pequeno almoço?
- ■ Às sete já podem.
- □ E até quando?
- ■ Até às dez.
- □ Têm serviço de restaurante?
- ■ Sim, sim.
- □ E quando servem o jantar?
- ■ Das oito às dez e meia.
- □ Obrigada.
- ■ Não tem de quê.

A que horas Quando	posso podemos se pode	tomar o pequeno almoço? almoçar? jantar?
	é	o almoço? o jantar?

Às 7 já	pode. podem.

A partir do meio-dia até às 2.30.
Das 8 às 10.30.

5

Actividade 4 Que horas são?

O relógio

Actividade 5 A que horas abre...?

□ A que horas abre o banco?
■ O banco abre às 8.30.
□ E a que horas fecha?
■ Às 15.00

Continue...

□ Quando está aberto o banco?
■ Das 8.30 às 3 da tarde.
□ Está aberto à hora do almoço?
■ Sim.

Continue...

Restaurantes	Almoço	12.30 – 15.00
	Jantar	19.30 – 22.00
Museu		9.30 – 12.30
		14.30 – 17.00

Lojas	9.00 – 13.00
	15.00 – 19.00
Centro Comercial	10.00 – 24.00
Farmácia	8.30 – 13.00
	15.30 – 20.00

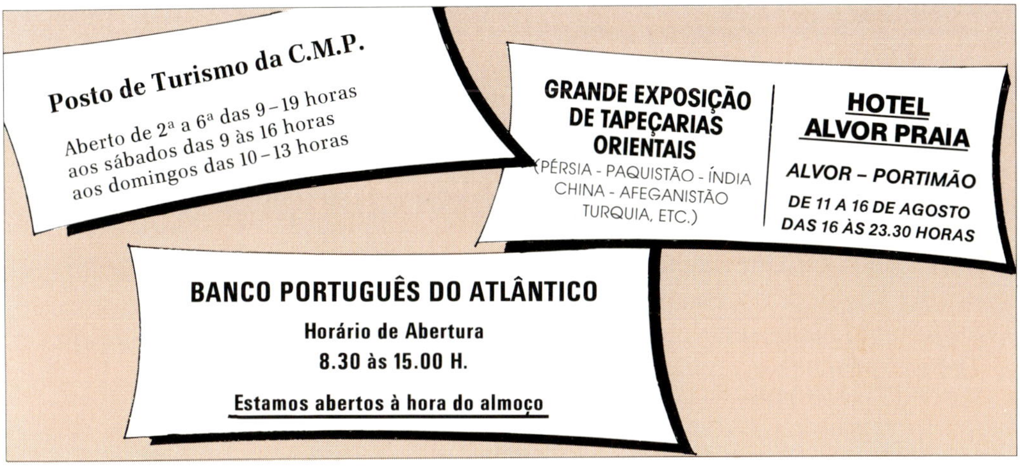

Actividade 6 — Pequeno almoço no quarto

Sie möchten in Ihrem Hotelzimmer frühstücken, wissen aber nicht, ob das möglich ist. Ein anderer Kursteilnehmer übernimmt die Rolle des Portiers. Sie rufen ihn an und äußern Ihre Wünsche.

6

□ Queria fazer uma chamada para a Alemanha. Posso telefonar daqui?
■ Naturalmente. Para onde quer telefonar?
□ Para Hamburgo.
■ O indicativo da Alemanha é 0049, não é?
□ É sim. E o número em Hamburgo é 40/6473544.

Queria uma chamada	para	a Alemanha? o Brasil? – Portugal?
Qual é o indicativo	da do de	Alemanha? Brasil? Portugal?

Actividade 7 Poder ou querer?

1. Sie bestellen einen Kaffee und zwei Kuchen.
2. Sie möchten im Hotelzimmer frühstücken. Erkundigen Sie sich, ob es möglich ist.
3. Sie möchten von Ihrem Zimmer aus ins Ausland telefonieren. Fragen Sie den Portier, ob es möglich ist.
4. Es ist schon elf Uhr nachts. Sie haben Hunger. Erkundigen Sie sich beim Portier, ob Sie noch essen können.
5. Sie können heute nicht um acht Uhr im Hotel zu Abend essen, weil Sie ins Theater gehen. Erkundigen Sie sich, ob Sie früher essen können.
6. Sie wollen mit Herrn Siebold sprechen.

7

□ Bom dia!
■ Bom dia, minha senhora.
□ Posso mudar de quarto?
■ Porquê? A senhora não está contente?
□ O número 27 é muito barulhento.
■ Para hoje está tudo ocupado. Mas amanhã fica livre o 39.
□ Dá para o jardim?
■ Sim. É um quarto muito bonito, sossegado e confortável.
Só um pouco pequeno e não tem televisão.
□ Ah! Não faz mal. Eu não gosto de televisão no quarto. Obrigada.
■ De nada.

A senhora não está contente?	
Está contente	com o quarto?
	com o hotel?

		sossegado.
Não, o hotel		barulhento.
	é muito	caro.
Sim, o quarto		pequeno.
		confortável.

Actividade 8 Construa frases.

A pensão do Sr. Silva		pequeno.
O quarto da menina		caro.
As salas do restaurante	é	moderno.
O café do Pedro		sossegado.
O restaurante do Manuel	são	confortável.
A casa da Ana		fresco.
As bebidas		grande.

Actividade 9

Der Portier antwortet:	Para a Alemanha a senhora pode telefonar aqui na cabine.
Was hat der Gast gefragt?	Onde posso telefonar para a Alemanha?

Continue...

1. Para a Alemanha, a senhora pode telefonar aqui na cabine.
2. Sim. Às sete já podem tomar o pequeno almoço.
3. O director não está. Podem falar com ele amanhã.
4. Desculpe, mas não pode. Todos os quartos estão ocupados.
5. Sim. Podem ficar ainda três noites.
6. Claro, chamo já (um táxi).
7. Pode comer aqui, nós temos um snack-bar.

8

ALUGAM-SE

ALGARVE – CARVOEIRO

Vivenda aluga-se,
meses Julho e Agosto, bem
mobilada, 2/3 quartos, sala
2/3 casas de banho, cozinha

Telef. (082)53742

ALGARVE

APARTAMENTO ALUGA-SE
4 / 6 pessoas
Agosto e Setembro
Telef. (01)56497

CASA GRAÇA

Alugo estrangeiro, Agosto
4 quartos / 2 casas de banho
terraços
vista panorâmica
Telef. (054)4567

Actividade 10 O que prefere? Porquê?

Gleich preiswert können Sie in einer einfachen Pension in oder bei Lissabon (am Strand) oder in einer komfortablen Pension in einem einsamen Fischerdorf Urlaub machen. Was ziehen Sie vor und warum?
Lassen Sie sich von folgenden Wörtern und Bildern leiten sowie von dem Text auf Seite 51.

Gosto!

Gosto muito!

gostar de/preferir/ficar/estar/
ir/ter/haver/gozar o sol

longe/perto/pequeno/grande/
barulhento/sossegado/confortável

cinema/cafés/teatro/museus/praia

lugar/centro/aldeia de pescadores

Não gosto!

Não gosto nada!

UNIDADE 4

PHILIPS

PASTELARIA CONCHA
O Pipas
RESTAURANTE

AL 448 L
NOVA VIDA
AL-41H
VAMOS AO MAR

Actividade 11 Uma carta

Sie wollen Ihre Ferien mit zwei Bekannten in Faro verbringen. Sie schreiben an das Hotel und geben an:

- Datum Ihrer Ferien.
- Ihre Wünsche.
- Sie fragen nach den Preisen.

Prezados Senhores, Hamburgo, 13/1/...

Atenciosamente

Rainer V.

Actividade 12 Reconstrua o diálogo.

1. Quanto tempo ficas aqui?
2. Onde estás?
3. Quando é que estás livre então?
4. Em Lisboa, e no momento estou no café «Cister».
5. Estou! Luísa, daqui é o Mário!
6. Só às 10 horas da noite.
7. Estás contente com o trabalho?
8. Como, em Lisboa?! Estás de férias?
9. Queres ir amanhã a uma discoteca?
10. Olha, é muito interessante, mas trabalho 12 horas por dia...
11. Mais ou menos 5 semanas.
12. Não, estou a fazer um filme para a televisão alemã.
13. Desculpa, mas não gosto de discotecas. São muito barulhentas... Prefiro ir a um pequeno restaurante num lugar íntimo e sossegado.

9

Eu e a minha mulher, quando vamos para férias, preferimos a natureza porque gostamos muito de andar a pé. Mas também gostamos de um certo conforto.

Guida e Zé

Victor

O que eu mais gosto é de visitar uma cidade cosmopolita. Gosto do barulho dos cafés, de ver muita gente e da vida nocturna. Por isso, prefiro ficar no centro numa simples pensão.

O ideal para mim, é um lugar pequeno com praia, mas perto de uma cidade interessante. Assim, posso fazer praia, e ir à cidade fazer um programa cultural.

Madalena

Actividade 13 Cidade ou natureza?

Welche dieser drei Unterkünfte finden Sie passend für Guida und Zé, Victor und Madalena? Warum?

Moinho Velho

Confortável hotel no meio de uma natureza intacta

Sol e mar ***

Situado a 20 km de Lisboa e a 200 m da praia dos pescadores

O Ninho das Águias*

A sua casa no centro de Lisboa

Actividade 14 Compreensão auditiva

Hören Sie sich das Gespräch an, und tauschen Sie mit zwei anderen Kursteilnehmern ihre Meinungen über den Inhalt aus.

T **Aluga-se**

Jorge: Bom dia, o Sr. aluga apartamentos?
Fontes: Sim, senhor. O que é que desejam?
Mariana: Nós somos quatro, um casal e duas crianças. Procuramos um apartamento com sala, dois quartos e cozinha.
Fontes: Para quando?
Mariana: Para o mês de Setembro.
Fontes: Apartamentos com dois quartos, não tenho. Só com um. Mas a sala tem dois sofás-cama. As crianças ainda são pequenas?
Jorge: São sim.
Fontes: Então, não há problema.
Jorge: Pois é, mas as crianças são muito barulhentas es nas férias eu gosto de sossego e conforto.
Fontes: Mas a sala é grande e confortável. Querem ver?
Mariana: Sim, porque não?
...
Mariana: Que bonito! Que bela vista! Onde é a cozinha? Ah! É aqui! E quanto custa?
Fontes: 350 euros por semana.
Jorge: Podemos dar a resposta amanhã?
Fontes: Naturalmente. Têm o meu número de telefone?
Jorge: Sim, temos. Então, até amanhã e muito obrigado.
Fontes: Obrigado eu.

Actividade 15

Hören Sie sich den ersten Teil des Gespräches an, und beantworten Sie in Gruppen die folgenden Fragen:

1. O que é que o casal deseja?
2. Quantos quartos querem alugar?
3. Porquê?
4. Há um apartamento livre?
5. Com quantos quartos?
6. Como são as crianças?

Hören Sie sich den zweiten Teil an:

1. Como é o apartamento?
2. O casal fica com o apartamento?
3. Quanto custa o apartamento?

Actividade 16

Você gosta de fazer campismo quando vai de férias? Porquê?
O que acha da alternativa, ir para um apartamento ou ir para um hotel?
O que é importante para você quando vai de férias?

Aluga-se apartamentos

UNIDADE 5

1 □ Faz favor, qual é o eléctrico para a Basílica da Estrela?
■ É o 25.
□ Onde é a paragem, sabe?
■ É ali em frente.
□ Obrigada.

Qual é	o eléctrico o metro o autocarro	para	a Basílica? o centro? o museu? a estação?

Não sei.

É o 25.

Actividade 1

Qual é o autocarro/eléctrico para ...?

Continue ...

Basílica da ESTRELA Basílica 8 G		Largo da Estrela
		9 · 20 · 13
		25 · 28 · 30
	M	—

Igreja da CONCEIÇÃO VELHA Church 10 I		Rua da Alfândega
		13
		18 · 25
	M	—

Castelo de S. JORGE Castle 10 J		Largo do Chão da Feira
		37
		12 · 28
	M	—

TORRE DE BELÉM Tower 7 A		Avenida da Índia
		29 · 43
		15
	M	—

PRAÇA DO COMÉRCIO Square 10 I		Praça do Comércio
		9 · 13 · 14 · 43
		15 · 18
	M	—

SÉ CATEDRAL 10 I		Largo da Sé
		34
		28
	M	—

2

- □ Pode-se comprar um bilhete para eléctricos, autocarros e elevadores?
- ■ Sim. Sim. Mas nós aqui não vendemos.
- □ E onde se vende?
- ■ Nos quiosques da Carris ou nos correios.
- □ Obrigada.

Onde tenho que	descer? sair?

Na primeira Na segunda Na quarta	paragem.
No Largo da Estrela.	

Actividade 2 Onde tenho que descer?

□ Desculpe, onde tenho que descer para a Praça de Touros?
■ Na primeira paragem.
□ ...

Continue...

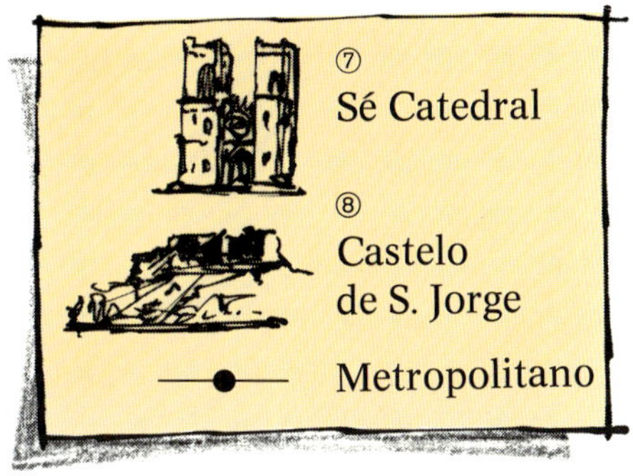

4

□ Desculpe, há um bom restaurante aqui perto?
■ Sim, na rua dos Condes, a segunda rua à esquerda. É o Restaurador.
□ Muito obrigado.
■ Não tem de quê.

Desculpe, Faz favor,	há	um restaurante uma pastelaria	aqui perto?

Sim, na rua…	a primeira a terceira	rua	à direita. à esquerda.
Desculpe, não sei.			

Actividade 3 Desculpe...

□ Desculpe, há uma farmácia aqui perto?
■ Sim, na...

Continue...

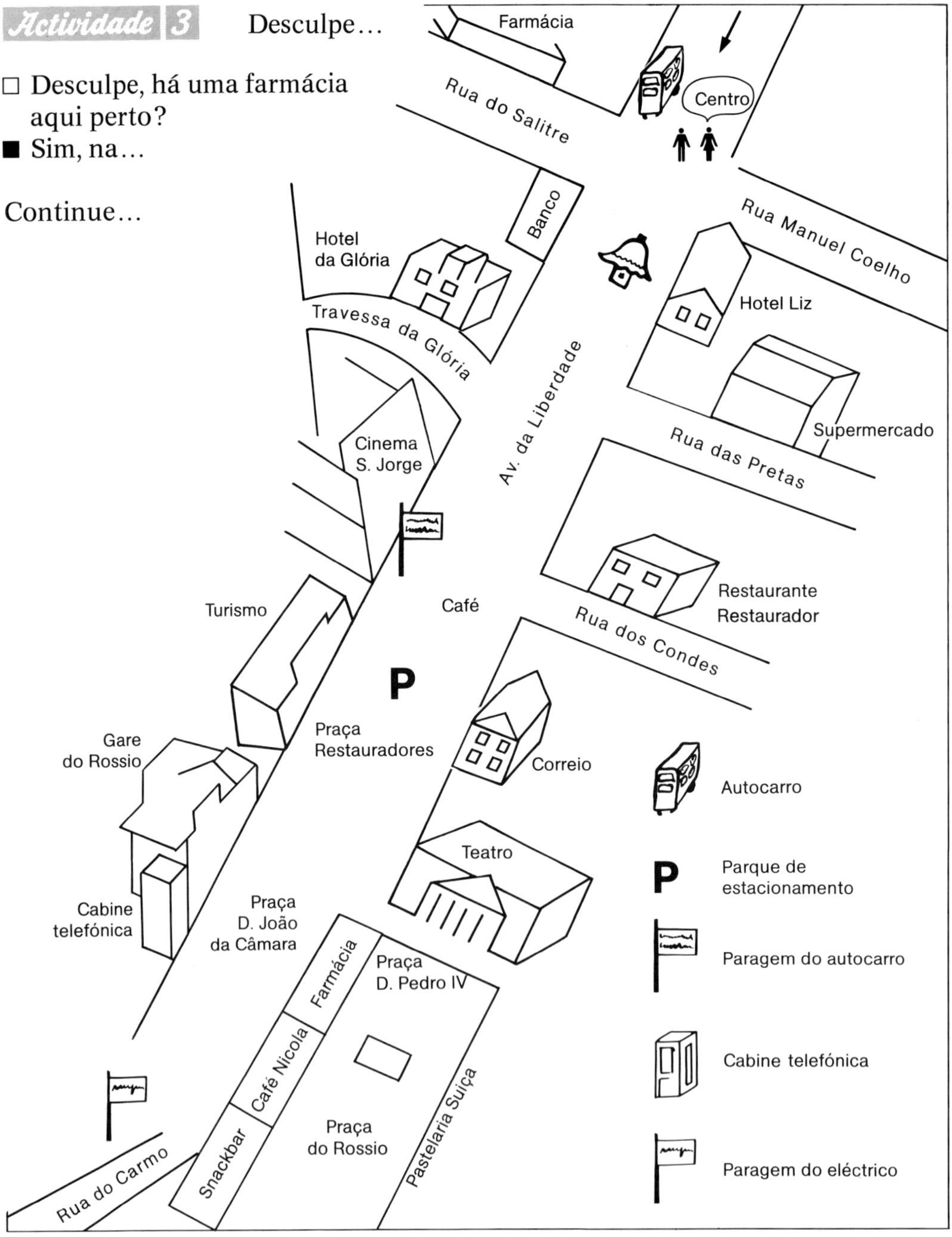

Actividade 4

Você está em Lisboa e quer visitar o Jardim Botânico.
Peça informações a um transeunte.

Sie fragen, ob es einen Bus zum Botanischen Garten gibt.	□ ____________________
	■ Sim, há dois. O 58 e o 100.
Sie fragen, wo die Haltestelle ist.	□ ____________________
	■ É aqui já, na Praça Camões. Sabe onde é?
Sie wissen es nicht.	□ ____________________
	■ Olhe, toma a primeira rua à direita e já está na Praça Camões.
Sie bedanken sich.	□ ____________________
	■ De nada.

Anedota
Uma senhora entra no eléctrico. Ele está cheio.
Admirada ela pergunta: «Não há aqui um cavalheiro?»
Um senhor responde: «Perdão, minha senhora. O que não há é um lugar livre.»

5
- □ Faz favor, onde fica o correio?
- ■ Na Praça dos Restauradores.
- □ É longe?
- ■ Não, é muito perto, a segunda rua à direita, atrás do teatro. A pé, são 10 minutos.
- □ Obrigado.
- ■ De nada.

...
- ● Faz favor, um selo para a França.

Onde	fica o correio? é a estação?

Na Rua... Na Avenida... Na Praça... No Largo...	em frente ao Turismo. ao lado do Teatro. atrás do cinema.

Actividade 5 Onde fica...?

Olhe a planta da cidade da actividade 3.
Você está na esquina da Rua do Salitre / Av. da Liberdade.
Pergunte a um transeunte onde fica...

- □ Desculpe, onde fica a paragem de autocarro?
- ■ É na Avenida da Liberdade aqui à direita, em frente ao cinema São Jorge.

Continue...

Actividade 6

Você está na Pr. D. João da Câmara.
Olhe a mesma planta da cidade. Responda e complete com *no, na, atrás de, no meio de, em frente de, à direita, à esquerda* e com o verbo *ficar*.

1. O Teatro Nacional ______________ _______ Praça D. Pedro IV _______ ______________ _______ Gare do Rossio.
2. O correio ______________ _______ Av. da Liberdade ______________ _______ teatro.
3. O Restaurante Restaurador ______________ _______ Rua dos Condes, a primeira rua _______ ______________.
4. O café _______ ______________ Av. da Liberdade.
5. O Hotel da Glória ______________ ______________ Travessa da Glória, a primeira rua ______________.

Actividade 7 Onde é ... onde há ... aqui perto?

Você está na rua em Lisboa, não conhece nada e

1. quer comer alguma coisa.
2. tem sede.
3. quer telefonar.
4. quer ver o Castelo de S. Jorge.
5. quer ver a Sé.
6. quer ir ao café Nicola.

Como pergunta a um transeunte?

6

□ Desculpe, onde é a Estação do Rossio?
■ A estação? É na Praça D. João da Câmara. Ora... os Srs. primeiro vão por esta rua sempre em frente, passam pelo monumento, atravessam a Praça do Rossio...
□ Ah! A Praça do Rossio eu conheço!
■ Pois bem, viram na primeira rua à esquerda e continuam sempre em frente até à praça.
□ Muito bem. Obrigado.

Primeiro...	Primeiro...
vão por...	vai por...
passam por...	passa por...
atravessam a...	atravessa a...
depois...	depois...
viram à esquerda	vira à esquerda
continuam sempre em frente	continua sempre em frente

Actividade 8 O centro do Porto

Olhe a planta da cidade do Porto.
Você está com um amigo no Porto. Estão exactamente em frente do banco (Nr. 3) e procuram uma papelaria. Perguntem a um transeunte:

□ Desculpe, há uma papelaria aqui perto?
■ Sim, na Praça da Liberdade.
□ E onde é a praça? Sabe?
■ É já aqui. Vocês vão em frente até à paragem do autocarro. A papelaria é em frente da paragem.

Continuem...

Nº 7 → Nº 8	Nº 9 → Nº 8	Nº 9 → Nº 1
Nº 3 → Nº 4	Nº 6 → Nº 5	

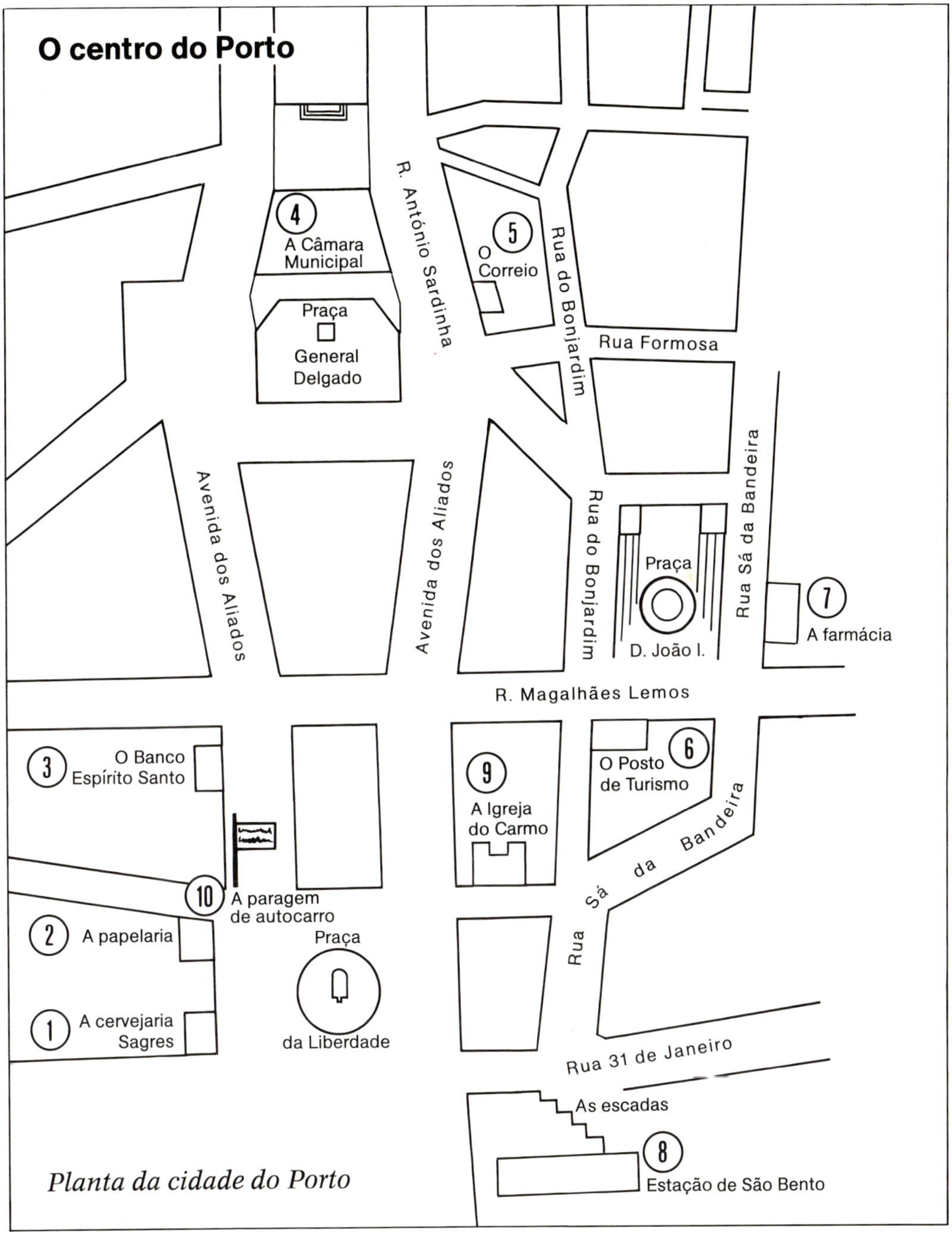

Planta da cidade do Porto

Actividade 9 Onde mora a Clara?

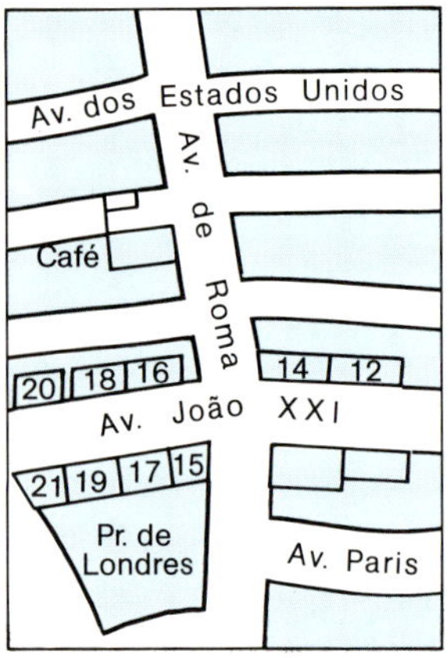

A Clara vem do trabalho de autocarro. Ela desce na paragem em frente ao café, vai até à Av. de Roma, vira à direita e continua em frente até à segunda rua à direita. A sua casa é a terceira à esquerda.

A Clara mora _____________.

Actividade 10 Compreensão auditiva

Hören Sie sich das Gespräch an. Tauschen Sie in Ihrer Gruppe aus, was Sie verstanden haben.

T1 **O 24 de Junho nas ruas do Porto**

Mário: Vamos Fernando, são quase 10 horas
e as ruas já estão cheias.
Fernando: E para onde vamos?
Mário: Olha, só podemos ir até à praça,
porque eléctricos ou autocarros hoje não há.
...
Fernando: Meu Deus, tanta gente! E como estão alegres!
Mário: É ... a Noite de São João é sempre assim ...
Fernando: O que é isto?
Mário: Isto é um martelinho.
Fernando: E para que é?
Mário: Olha podes bater com ele levemente na
cabeça desta menina aqui, tão simpática ...
Fernando: Tu és maluco?
Mário: Não, bater na cabeça é um gesto de simpatia.
E isto não dói ...
É de plástico.
Podes até bater com ele num polícia.
Fernando: E o que é ele faz?
Mário: Nada, pá. Hoje é uma noite muito especial.
A rua é do povo. Às 10 horas da noite, já não
circula um carro aqui na Baixa.
Fernando: E para onde vão?
Mário: Para onde vão, não interessa.
O que interessa é circular, cantar, dançar, comer sardinhas
assadas e beber. O que eles querem é passar a noite na rua.
...
Conheces isto?
Fernando: Uhm! Que perfume!
Mário: É um manjerico.
Não há São João sem manjerico!
Queres um?

Actividade 11

Hören Sie sich das Gespräch nochmals an. Versuchen Sie mit Hilfe Ihrer Gruppe, drei Sätze aufzuschreiben, in denen von Straßen und Verkehrsmitteln die Rede ist.

Actividade 12

Hören Sie sich das Gespräch ein drittes Mal an und beantworten Sie in der Gruppe die folgenden Fragen:

1. Fernando conhece esta festa?
2. Como estão as ruas na Noite de São João?
3. Quando é que as pessoas vão para a rua?
4. O que fazem na rua?
5. O que é tipico da Noite de São João?
6. Como são as pessoas nesta noite?

Actividade 13

Complete.

O Mário e o Fernando não querem ficar em casa hoje.

Querem ______________________________

Primeiro, jantam em casa, depois ______________________________

Hoje, não há autocarros. Eles ______________________________

Ate às 5 horas da manhã, a gente ______________________________

Actividade 14

Na cidade onde vocês moram, há assim um dia especial em que as pessoas são mais comunicativas e eufóricas?
Que dia é?
O que fazem nesse dia?

Um postal

Querida Isabel

Estamos em Lisboa, na casa do Gerd e da Lina. Eles vivem agora em Portugal porque já estão reformados. Por isso, têm tempo para mostrar a cidade. E fazem isso com tanto prazer! Eles moram num bairro antigo muito bonito. Hoje vamos ver a cidade com o célebre eléctrico «28», e depois subir ao Castelo de São Jorge a pé. É tudo tão interessante!
Até breve, e um grande abraço
da Gabi e do Ralf

Um eléctrico chamado 28

O «28» atravessa toda a cidade histórica. Ele desce pelos bairros típicos de Lisboa antiga (Graça e Alfama) com as suas ruelas e escadinhas, passa pela Baixa, sobe ao velho Bairro Alto e chega finalmente ao Cemitério dos Prazeres. O percurso do «28» é dos mais belos de Lisboa.

1

□ Ana, sabes quem vem hoje à noite?
■ Não. Quem?
□ A tia Carolina e o tio Zé.
■ Para jantar?
□ Sim.
■ O que vais fazer?
□ Que tal, uma carne de porco à alentejana?
■ Oh! ... O meu prato preferido!
É preciso comprar alguma coisa?
□ Sim, tenho que comprar a carne,
as amêijoas e as batatas.
■ Tens alho, óleo e pimentos?
□ Ah! Falta óleo.

Temos	carne? óleo? alho?

Sim. Não,	não temos. temos que comprar.
Não,	falta alho. é preciso comprar.

Actividade 1

Você vai fazer compras com um(a) amigo(a). Você pergunta:

□ Temos pão em casa?
■ Não, temos que comprar.

ou: □ Temos óleo e sal?
■ Óleo sim, mas falta sal.

Continuem ...

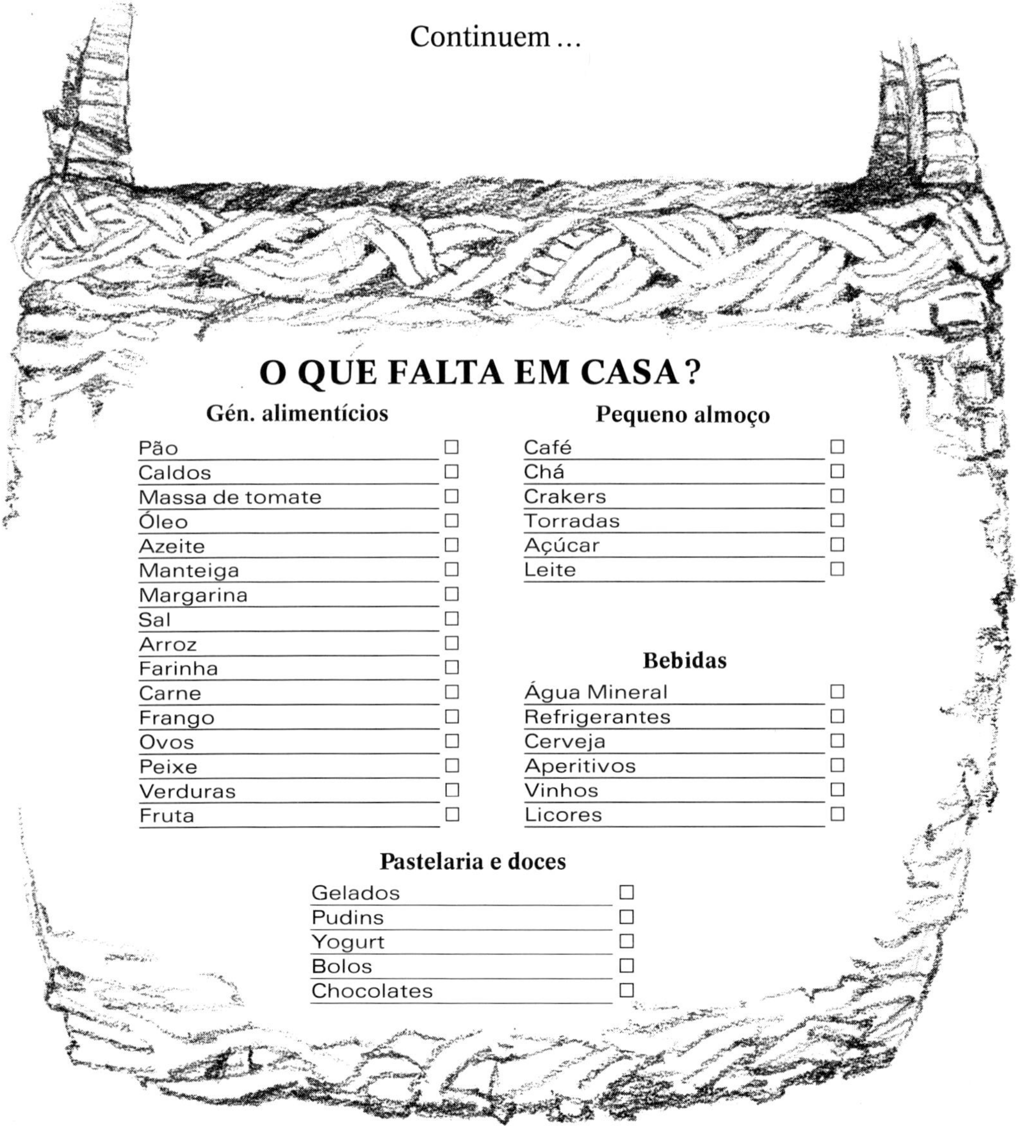

O QUE FALTA EM CASA?

Gén. alimentícios	
Pão	□
Caldos	□
Massa de tomate	□
Óleo	□
Azeite	□
Manteiga	□
Margarina	□
Sal	□
Arroz	□
Farinha	□
Carne	□
Frango	□
Ovos	□
Peixe	□
Verduras	□
Fruta	□

Pequeno almoço	
Café	□
Chá	□
Crakers	□
Torradas	□
Açúcar	□
Leite	□

Bebidas	
Água Mineral	□
Refrigerantes	□
Cerveja	□
Aperitivos	□
Vinhos	□
Licores	□

Pastelaria e doces	
Gelados	□
Pudins	□
Yogurt	□
Bolos	□
Chocolates	□

Actividade 2 O que vais fazer hoje?

□ O que vais fazer hoje?
■ Vou fazer compras no supermercado.
E tu?

Continue...

fazer compras	dançar	jantar
...no supermercado	...na discoteca «Koknot»	...no restaurante «A toca»
cantar	**procurar**	**ficar**
...no coro	...um apartamento	...em casa

2

□ Vamos primeiro ao talho ...
...
■ Bom dia, minha senhora, o que deseja?
□ Um quilo de lombo de porco, faz favor.
■ É tudo?
□ Como é a carne de bife? É tenra?
■ Muito tenra, tenríssima, minha senhora!
□ Então dê-me quatro bifes.
...
Quanto é?
■ São 10.50 €.

O que deseja?

Um quilo de lombo de porco, faz favor.

Dê-me quatro bifes de vaca.

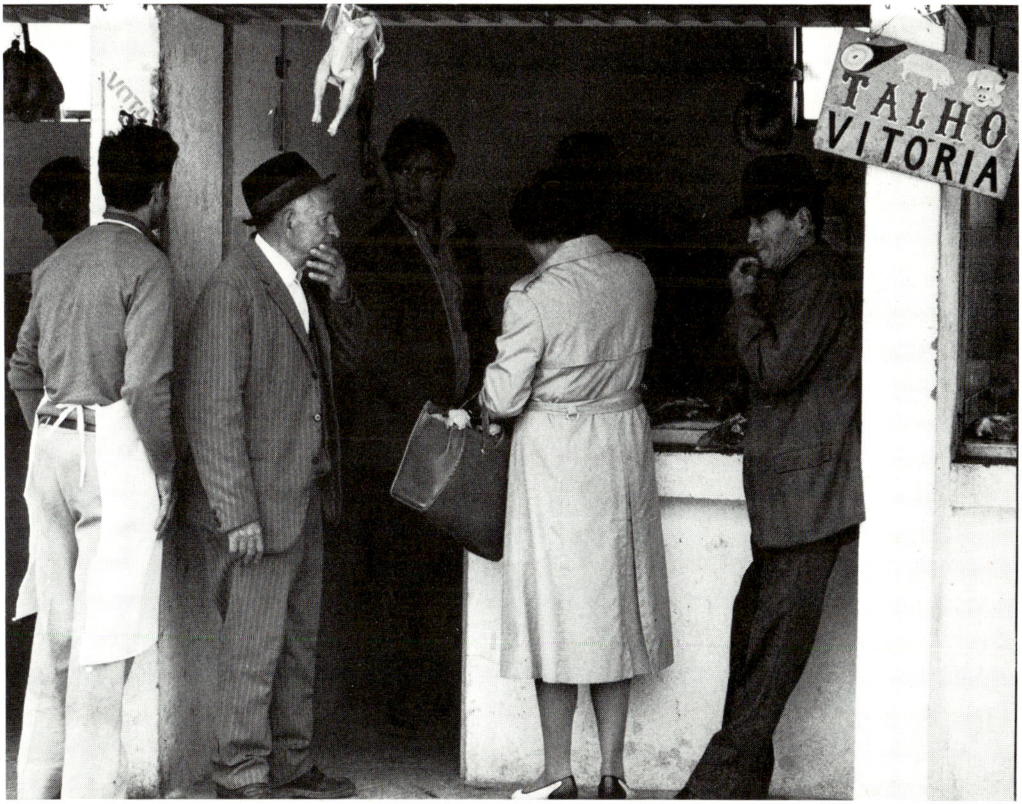

Actividade 3 Aonde é que eles vão?

O António e a Ada vão fazer compras.
Primeiro, vão … para comprar pão.
Depois, …
Finalmente, …

pão croissant	carne de porco carne de vaca	ovos café leite queijo	fruta verduras arroz

3

□ Eu queria três quilos de batatas, uma lata de azeite e 250 gramas de fiambre.
■ E que mais?
□ Cinco fatias finas de presunto. Quanto custa o quilo?
■ 19.98 € o quilo mas é muito bom.
□ E dê-me também meio quilo de uvas. Quanto custam?
■ 1.69 € o quilo.

Dê-me	250 gramas de fiambre. três quilos de batatas. uma lata de azeite. meio quilo de uvas. cinco fatias de presunto.

Quanto custa o presunto? Quanto custa o azeite?	19.98 € o quilo. 3.50 € a lata.
Quanto custam as uvas	1.69 € o quilo.

Actividade 4 O que é que vai comprar?

□ Bom dia.
■ Queria meio quilo de café.
□ E que mais?
■ …

Continuem…

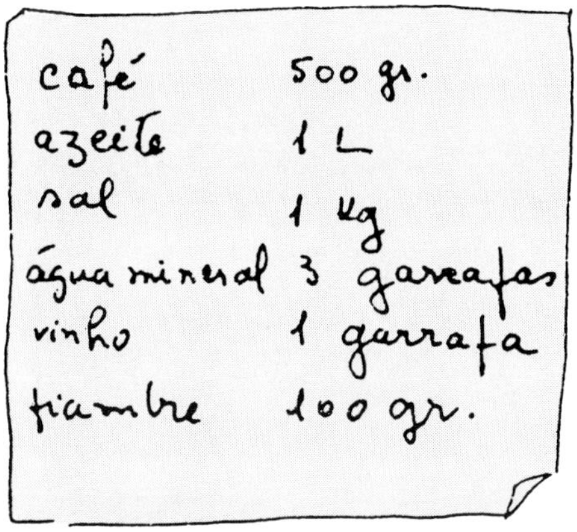

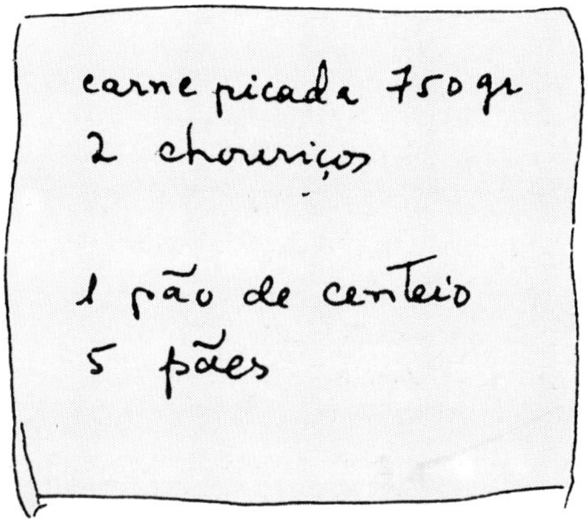

4

□ Os melões são doces?
■ São uma delícia, minha senhora. Estão bem maduros.
□ A como são?
■ 1.49 € o quilo.
□ Ah! Não! São muito caros. Levo só um quilo de feijão verde e uma alface. Ah! Preciso também de uvas.
■ Um quilo?
□ Mas essas não. Aquelas, as pretas.

Actividade 5

Pergunte e dê a resposta.

Como é	os bifes	doces
Como são	o queijo	magro
	o presunto	tenros
	os melões	finas
	as fatias de fiambre	fresca
	a carne de porco	maduros
	a alface	bom
	as laranjas	tenra

Repita a actividade 5, mas responda assim:
□ Como é a alface?
■ Esta é fresca, mas aquela não.

Continue...

Actividade 6

Complete com *caro, bom, fino, magro, fresco, prático, tenro, óptimo.*

1. Dê-me 4 fatias de fiambre bem ______________ .
2. Eu compro a fruta no mercado, é sempre mais ______________ .
3. Prefiro comprar a carne no talho, porque é ______________ .
4. A mercearia é ______________ e tem tudo.
5. O presunto é caro, mas é ______________ .
6. O azeite e o fiambre português são de ______________ qualidade.
7. O queijo da Serra é muito bom, mas custa 24.98 € o quilo, é muito ______________ .

Actividade 7 Este ou esse?

Todas estas coisas estão perto do vendedor. Você quer comprar, mas primeiro pergunta:

□ Essas maças são doces?
■ Estas são muito doces.

Continue...

manteiga	de hoje
pão	maduro
queijo	da Serra
melancia	doce
leite	fresco
azeite	com sal / sem sal
maçãs	virgem

Actividade 8 Palavras cruzadas

Die markierten Kästchen ergeben, von oben nach unten gelesen, das Wort für ein Fleischprodukt.

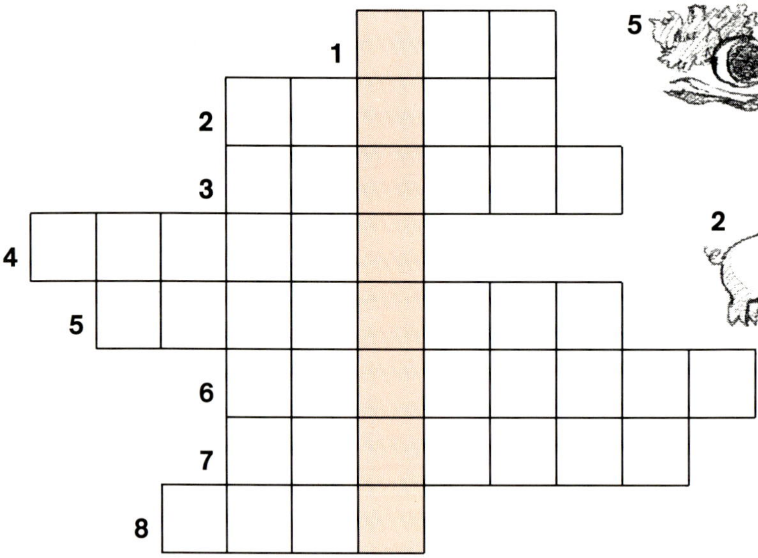

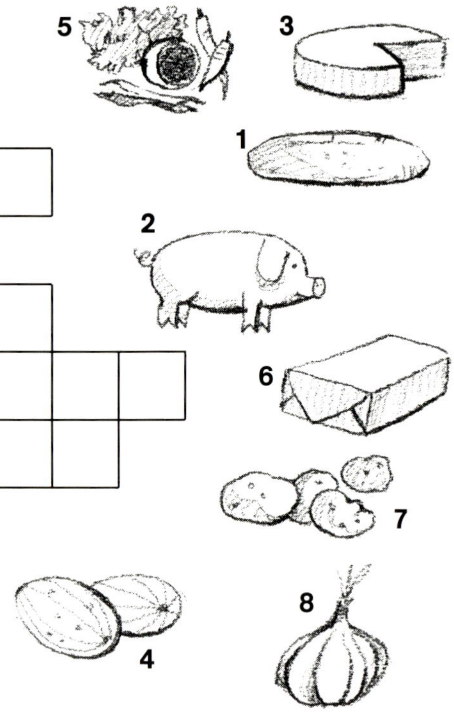

Actividade 9

Complete o diálogo.

Sie erkundigen sich nach frischem Brot.

□ ______________________________

■ Fresquinho, minha senhora. Quantos quer?

Sie brauchen sieben Brötchen. Sie möchten auch 200 g rohen Schinken. Sie erkundigen sich nach dem Preis.

□ ______________________________
____
____

■ 19.98 € o quilo, mas é muito bom. Mais alguma coisa?

Sie möchten 1/2 kg Weintrauben und fragen, ob sie süß sind.

□ ______________________________

____

■ Doces? São uma delícia. Não quer levar um queijo da Serra?

Sie lehnen für heute ab. Sie möchten zahlen.

□ ______________________________

____

■ Bem, ao todo são 7.25 €.

5 É fácil fazer um almoço típico e especial!

Carne de porco à alentejana

1 Kg de lombo de porco
1 copo de vinho branco
1 colher de sopa de colorau doce
1 pimento vermelho,
sal, pimenta, 3 gotas de piri-piri
1 folha de louro, 5 dentes de alho
2 colheres de sopa de banha, óleo
2 colheres de sopa de azeite
500 gr. de amêijoas, salsa

Cortar a carne em cubos (3 cm). Temperar com os alhos pisados, sal, pimenta, colorau, pimento cortado, folha de louro, piri-piri, vinho e azeite. Deixar ficar assim 3 horas ou mais. Fritar a carne na banha e óleo quente.

Depois, lavar bem as amêijoas e juntar à carne. Deixar cozer ainda 10–12 minutos. Juntar a salsa picada. Provar e servir com batatinhas fritas em cubos e salada de alface, temperada com azeite e vinagre.

Actividade 10

Eine Bekannte hat bei Ihnen *Carne de porco à alentejana* gegessen und es hat ihr sehr gut geschmeckt. Sie möchte das Rezept haben. Beschreiben Sie ihr, wie Sie das Gericht machen.

Primeiro, corto a carne em cubos…

Continue…

Actividade 11

Você pode fazer este prato simples, rápido e apetitoso:

Costeletas de porco com batatas cozidas e salada de alface
Temperar as costeletas com alho, sal, pimenta, limão e rosmaninho. Deixar ficar assim uma noite ou algumas horas. Fritar em margarina 20 minutos.
Servir com batatas cozidas e salada de alface.

Como é que faz?
O que é que tem em casa?
O que é que é preciso comprar?

Actividade 12 Compreensão auditiva

Hören Sie sich das Gespräch an. Tauschen Sie in Ihrer Gruppe aus, was Sie verstanden haben.

T **Comer e beber**

□ Olá tio!
■ Viva Margarida! O que fazes aqui na Baixa a esta hora? Vamos almoçar juntos?
□ Eu nunca almoço, tio.
■ Mas porquê? É para manter a linha?
□ Não, não. Eu não sei como é que vocês podem comer, duas vezes por dia, sopa, um prato e sobremesa.
■ Falta o café.
□ Os meus colegas de trabalho também quase todos vão a casa ou à cantina almoçar. Eu prefiro a esta hora petiscar.
■ E o que é que tu chamas petiscar?
□ Comer um croquete, um croissant ou um cachorro quente ... e pronto.
■ Pois olha, o que eu mais gosto de fazer com amigos é comer num restaurante com ambiente bem familiar e com um bom vinho à mesa.
Olha, este restaurante aqui ao lado faz um óptimo bacalhau.
□ Logo bacalhau de que eu não gosto nada!
■ Eu adoro. E temos que comer enquanto há ... porque olha que o bacalhau pode faltar.
□ Isso vai ser um choque para a nação!
Mas nós comemos demais, não achas?
■ Olha, para mim, comer e beber é também uma forma de conviver.
Eu por exemplo, faço muitos negócios à mesa, resolvo problemas de trabalho e de família à mesa ...
Bem, mas vai lá petiscar, que eu vou almoçar! Um beijo.
□ Adeus e bom apetite!

Actividade 13

Hören Sie sich das Gespräch nochmals an.
Welche der folgenden Aussagen ist richtig oder falsch?
Vergleichen Sie mit den anderen Ergebnissen in Ihrer Gruppe.

	certo	errado
O tio da Margarida		
a. almoça e janta diariamente.	☐	☐
b. não toma café depois do almoço.	☐	☐
c. não gosta de ir ao restaurante com amigos.	☐	☐
d. acha que comer e beber é uma forma de estar com os outros.	☐	☐
A Margarida		
e. prefere petiscar à hora do almoço.	☐	☐
f. vai almoçar com o tio.	☐	☐
g. acha que os portugueses comem demais.	☐	☐
h. gosta muito de bacalhau.	☐	☐

Actividade 14 Comer e beber no seu país

1. As pessoas comem duas refeições quentes por dia?
2. À noite a família ainda se junta para comer?
3. O que bebem às refeições?
4. Quando bebem vinho?
5. Vão muito ao restaurante?
6. Que tipo de restaurante preferem e porquê?

Actividade 15

E para você, comer é importante?
O que acha da frase: «É preciso comer para viver e não viver para comer»?

Comer para viver ou viver para comer?

UNIDADE 7

1 Irene tem 30 anos e o marido 32. Ela trabalha na secretaria de uma escola e o marido no aeroporto. Eles têm dois filhos: João (6 anos) e Carolina (8 anos). Irene fala do seu dia-a-dia.

Eu levanto-me às 7 horas da manhã, acordo as crianças, lavo-me, visto-me depressa e preparo o pequeno almoço.

Quando todos estão prontos, tomamos juntos o pequeno almoço e logo depois saímos de casa.

O meu marido leva as crianças à escola. E às oito e meia em ponto eu começo a trabalhar.

Não vou a casa à hora do almoço, para não perder tempo. Almoço na cantina.

De tarde começo a trabalhar outra vez às duas horas.

Às cinco e meia termino o trabalho e no caminho para casa faço as compras.

Quando chego a casa, as crianças já voltaram da escola. Eu entretenho-me com elas, descanso um pouco e depois começo a fazer o jantar.

Mais ou menos às nove horas jantamos. Depois a Carolina ajuda-me um pouco a arrumar a cozinha e só quando as crianças já estão na cama, sento-me a conversar com o meu marido ou a ver a televisão.

Lá pela meia noite vamos para a cama.

Actividade 1 O que fazem? E a que horas?

Actividade 2

1. Zu zweit versuchen Sie, den Tagesablauf des anderen zu erfahren, indem Sie sich gegenseitig sechs Fragen stellen, die nur mit ja oder nein beantwortet werden können, z. B.: Você levanta-se às seis horas? Tu sais de casa às sete e meia?

2. Suchen Sie einen anderen Partner und erzählen Sie sich gegenseitig, was Sie erfahren haben, z. B.: Heidi levanta-se às cinco horas.

2

□ Ontem telefonei pra tua casa várias vezes, mas não encontrei ninguém...
■ Pois é, nós saímos porque o meu marido ontem não trabalhou. Nós passámos o dia no parque de Monsanto! E tu, o que é que fizeste?
□ Nada de especial. Fiquei em casa, escrevi cartas e li um pouco.

Manuel, o que é que fizeste O que é que a senhora fez	ontem?
O que é que (vocês) fizeram	ontem?

Fiquei em casa. Escrevi cartas. Li um pouco.	
Nós	saímos. passámos o dia...

Actividade 3 O que é que eles fizeram ontem?

Mário e Nelson
telefonar/falar

Luís
escrever/
aprender

Rosa e Carolina
fazer compras

Actividade 4 E você, o que é que fez ontem?

Bilden Sie Zweiergruppen und versuchen Sie gegenseitig von Ihrem Partner/Ihrer Partnerin zu erfahren, was er/sie gestern gemacht hat. Benutzen Sie dabei die unten angegebenen Sätze.

□ Fizeste compras ontem?
■ ...

□ Fez compras ontem?
■ ...

Continue...

fazer compras
jogar cartas / ténis / futebol
encontrar um/a amigo/a
visitar um museu

cozinhar, comer em casa ou comer fora
ficar em casa até ao meio-dia
ler o jornal
sair à tarde ou à noite

3 □ Olá pá!
Então, essas férias? O que fizeste?
■ Este ano fiquei por cá, mas passei umas belas férias!
Finalmente conheci a cidade! E tu?
□ Eu fui a Portugal com a minha mulher.
■ Sim? Onde é que estiveste?
□ Primeiro, fomos a Viseu visitar a família dela.
Depois estivemos em Viana, onde moram os meus pais.
Aí trabalhei muito nas vindimas, porque não há gente
para trabalhar nos campos, pá!
E é claro, só comemos coisas frescas da horta.

O que é que	fizeste fez fizeram	nas férias?

Fui	a Portugal. visitar a minha família.
Fomos	muito ao cinema. à praia.

Onde é que	estiveste? esteve? estiveram?

Estive em Portugal.

Estivemos com a família.

Actividade 5 O que é que fizeste?

□ Pedro, o que é que fizeste nas férias?
■ Fui ao Brasil.
□ Onde é que estiveste?
■ No Rio de Janeiro.
□ Estiveste lá pela primeira vez?
■ Sim.

Continue...

- Maria, o que é que...
- E o teu filho, o que é que...
- E vocês, o que é que...
- E as crianças, o que é que...
- E você, o que é que...

Actividade 6 O que é que vocês fizeram nas férias?

Sie sind **A,** und **B** ist Ihr Arbeitskollege. Aus dem Urlaub zurückgekehrt, unterhalten sich **A** und **B** am ersten Arbeitstag über ihre Ferien. Bilden Sie den Dialog anhand der nachstehend skizzierten Informationen.

Actividade 7 Este é o teu filho?

□ Este é o teu filho?
■ Sim. É o meu filho.

□ Sra. D. Clara, esta é a sua filha?
■ Não, não é a minha filha, é a filha dela.

Continue...

apartamento	mulher	meu/teu/seu/dele
filha	chaves	minha/tua/sua/dela
carro	bicicleta	meus/teus/seus/deles
cartas	garrafas	minhas/tuas/suas/delas
marido	passaporte	
amigo	filhos	

Actividade 8 — Onde está a tua amiga?

Construa frases.

Fui a Portugal com	as minhas	filho.
Onde está	o teu	amiga?
Fui visitar	a minha	pais.
Ontem encontrei	o meu	chaves, faz favor.
Dê-me	os teus	pai.
Olá João, como está	os vossos	apartamento!
Sr. Nunes, quando chega	o seu	passaporte?
É muito caro	a tua	filhos vão para a escola?
A que horas é que	o nosso	mulher?

Actividade 9

Complete com *o meu, o teu, o seu, etc.*

Na portaria dum hotel

Isabel: O senhor ainda tem ____________ passaporte?
Empregado: Não. ____________ marido já levou o passaporte.
Isabel: Então, dê-me ____________ chave, faz favor.
Empregado: Qual é o número de ____________ quarto?

Conversa entre amigos

Rui: Ontem encontrei ____________ filho. Está muito grande!
E ____________ filha, o que faz?
José: Termina a escola este ano.
____________ filhos ainda andam na escola?
Rui: ____________ filho, sim. ____________ filha já saiu.

4 Fernando Pessoa nasceu em Lisboa no ano de 1888. Com a idade de 5 anos perdeu o pai. Dois anos depois, a mãe casou-se pela segunda vez com o cônsul de Portugal na África do Sul, onde o futuro poeta viveu até 1904.
Em 1905 regressou definitivamente a Lisboa. Aí frequentou durante algum tempo o Curso Superior de Letras, mas logo começou a trabalhar como correspondente em inglês de firmas comerciais.
Em 1921 publicou poemas ingleses e em 1934 surgiu o seu único livro em português publicado em vida.
Só depois da morte, Portugal descobriu a sua obra.
Fernando Pessoa morreu em 1935.

Actividade 10

O que é que aconteceu na vida de Fernando Pessoa?

Em 1888/1905/1935/1921/1934/1895...

Actividade 11 Em que ano?

Reden Sie Ihren Gesprächspartner in dieser Übung bitte mit «Sie» an.

□ Em que ano começou a trabalhar?
■ Em...

Continue...

começar a trabalhar
nascer
entrar para a escola
começar a aprender português
fazer férias pela primeira vez
dançar pela primeira vez
sair pela primeira vez com um amigo / uma amiga

Wiederholen Sie die Übung mit einem anderen Partner, den Sie diesmal duzen.

Actividade 12

A vida de José Afonso, um cantor de protesto.

Complete.

José Afonso ____________ em 1929 em Aveiro.	nascer
De 1949 até 1953 ____________ História e Filosofia em Coimbra.	estudar
Em 1964 ____________ para Moçambique e ali	ir
____________ 4 anos.	estar
Em 1967 ____________ a Portugal.	regressar
____________oposição à ditadura através da sua militância política e das suas canções.	fazer
A canção «Grândola vila morena» ____________ o sinal de partida para a Revolução de 25 de Abril.	ser
O dinheiro dos seus 14 LPs ____________ para os pobres do Alentejo.	ir
Em 1987 José Afonso ____________ completamente pobre em Setúbal.	morrer

Actividade 13 Compreensão auditiva

T Ouça o que cada pessoa diz, duas vezes. Digam uns aos outros o que entenderam.

Gente no trabalho

MARTA SOBRAL, 37 anos, casada, professora primária.

«Trabalho num bairro cheio de problemas sociais onde muitas das crianças vivem um pouco abandonadas, faltam frequentemente à escola e têm toda a espécie de dificuldades. Para o trabalho que eu faço, ganho mal e tenho pouco tempo livre, mas ... mesmo assim, é gratificante trabalhar com este tipo de jovens! Do que eu mais gosto mesmo, é dos alunos.»

JÚLIO PEREIRA, 55 anos, operário da Renault, vive em Paris com a mulher e os filhos.
«Eu e a minha mulher queríamos voltar para Portugal, mas não podemos. Em Paris tenho o meu trabalho, a minha mulher faz limpezas e as crianças estão bem na escola. Aqui, onde é que eu encontro trabalho? Portugal para mim é um lugar onde de vez em quando venho passar férias, ver a família e a casinha que eu fiz. Voltar? Só depois da reforma.»

VITORINO CAMPELO, camponês, 50 anos, 3 filhos.
«Trabalho no campo com a minha mulher. A terra dá trigo, legumes e temos também vinho. Isto chega para alimentar a família, mas não para vender. Este ano só vendi um pouco de azeite. É uma vida dura. Os meus filhos não querem ficar no campo. Dois já estão em Lisboa».

Actividade 14

Ouça outra vez a fala de Marta Sobral.

Do que é que ela mais gosta na sua profissão?
Do que é que ela gosta menos?

Ouça agora a fala de Júlio Pereira.

Quais destas afirmações estão certas ou erradas?

	certo	errado
Júlio Pereira não encontra trabalho em Paris.	☐	☐
Ele não quer voltar para Portugal, mas a mulher quer.	☐	☐
Ele só vai a Portugal de férias.	☐	☐

Ouça agora a fala de Vitorino Campelo.

O que é que ele acha do trabalho no campo?
Toda a família trabalha com ele?

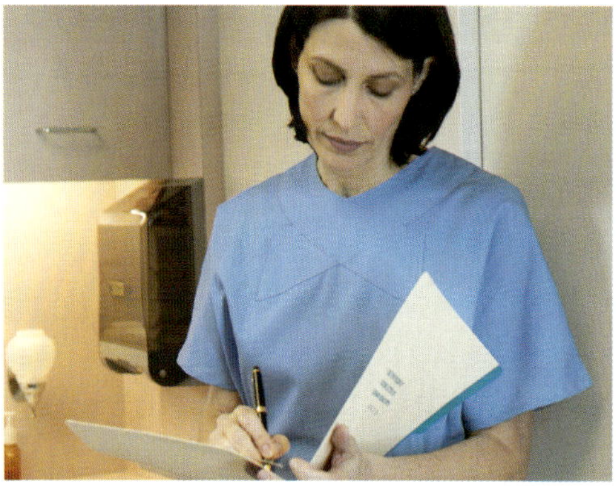

Alda Soares, 35, solteira

Jorge Cabral, 42, divorciado

Carlos Santos, 30

Teresa Lima, 40, casada

Actividade 15

Alda é enfermeira, Jorge é repórter, Carlos é mecânico e Teresa é secretária. Vocês têm outras informações sobre estas pessoas: Alda tem 35 anos, ... Como acha que é o seu trabalho? Duro, monótono, arriscado? Acha que tem muito tempo livre e que ganha bem em Portugal? Que retrato pode fazer desta pessoa e das outras três? Compare com os retratos do seu colega.

Actividade 16 E como é com vocês?

Falem em grupos de três sobre o vosso trabalho, família, etc.

UNIDADE 8

1 □ Onde é que a malta vai hoje, pá?
■ No Londres está a correr um filme muito bom! Queres vir? Começa às nove e meia.
□ Eh, pá! Não sei. É que eu à meia noite tenho que ir buscar a minha namorada a Sta. Apolónia.
■ Tens tempo, pá! O filme acaba às onze e meia e depois a malta leva-te à estação.
□ Vocês levam-me mesmo?
■ Claro.

Onde vamos hoje?

O que fazemos no fim de semana?

Está a | correr um filme...
| dar

Podíamos fazer uma excursão.
Vamos dar um passeio.

UNIDADE 8

Actividade 1 O que fazemos no fim de semana?

□ O que fazemos no fim de semana?
■ Podíamos dar um passeio no Parque de Monsanto.

Actividade 2 Qual é a possibilidade?

Procure à direita a frase certa.

1. Já sabes o que fazes para a festa?	Podíamos ir de comboio.
2. Não sei aonde ir hoje…!	Podia telefonar para ela.
3. Não vejo a Clara desde o ano passado.	Eles podiam ir ao aeroporto.
4. Como vamos a Portugal sem carro?!	Podia fazer pastéis de bacalhau.
5. Nós precisamos de falar com vocês.	Podias ir ao festival de jazz.
6. Quem vai buscar a Clara?	Vocês podiam vir à nossa casa.

Actividade 3 — O que há hoje na televisão?

Escolha com o seu colega o programa que querem ver hoje à noite.
A que horas é?

QUINTA, 19 PROGRAMAÇÃO **TV**

1 Canal 1	2 Canal 2	3 SIC	4 TVI
20.00 Telejornal	20.00 RTP Crianças	**20.00 Jornal da Noite**	**20.00 Jornal Nacional**
21.00 Contra-Informação	20.30 Sabrina, a Bruxinha	21.15 Malucos do Riso	21.45 Saber Amar
21.05 Passo a Palavra	Adolescente	21.45 Mulheres	22.15 Amanhecer
22.30 RTP Cinema	21.00 Viver no Campo	Apaixonadoas	23.15 Eu Confesso
Poirot: The Murder	21.30 Acontece	22.45 O Quinto dos Infernos	00.00 Vidas Reais
of Roger Ackroyd	**22.00 Jornal 2**	23.45 Grande Filme	00.45 Mini-Série
de Andrew Grieve	23.00 História de Nikita	**A Lei da Milícia**	**Pássaros Feridos**
(2000, C, 102')	00.00 5 Noites 5 Filmes	de Chuck Bail	de Daryl Duke
23.30 24	**A Mãe Morta**	(1996, C, 98')	(1983, C, 165')
01.15 24 Horas	de Juanma Bajo Ulloa	01.45 Sai de Baixo	04.00 Os Homens do
01.30 RTP Cinema	(1993, C. 105')	02.45 O Olhar da Serpente	Presidente
Os Três Desejos	02.00 Futebol	03.30 A Vida é Injusta	05.00 Dona Anja

Actividade 4 — A que horas começa/acaba o programa?

No Canal 1	No Canal 2	Na SIC	Na TVI
Telejornal	RTP Crianças	A lei da milícia	Saber amar
RTP Cinema	Viver no campo	Sai de Baixo	Mini-série
Os três desejos	A mãe morta	Jornal da noite	Dona Anja

2

□ Não queres fazer um piquenique na quarta-feira, que é feriado? Que achas?

■ Ah! Que pena! Não posso. Tenho o aniversário de um amigo, que faz 40 anos. Não posso faltar!

□ Não faz mal. Fica para sábado. Eu telefono-te depois.

Não queres fazer um piquenique?
O que achas?

Que pena! Não posso.
Estou muito ocupado.
Boa ideia!
Sim, com muito gosto.

Actividade 5 Que tal, terça-feira?

1. Escreva na sua agenda o dia e a hora em que tem 5 destes compromissos: lição de dança, cinema, dentista, ginástica, buscar o filho à estação, concerto, lição de português, ténis, ...

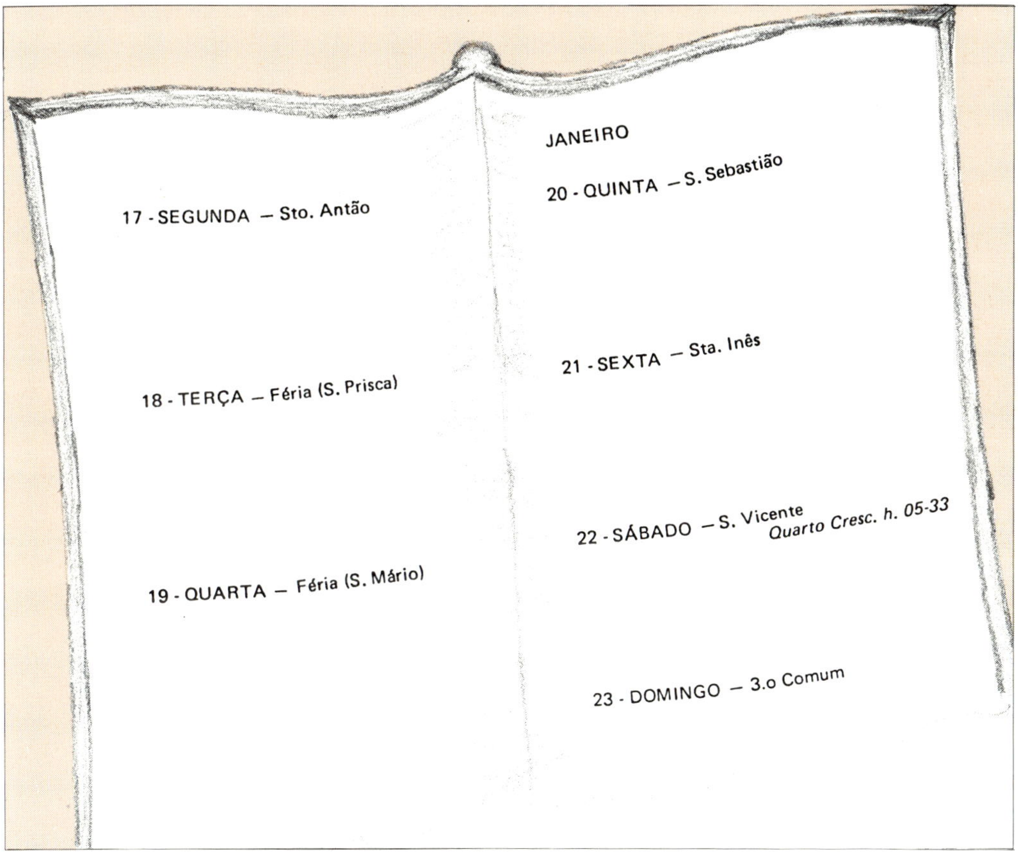

2. Você quer jantar fora com dois colegas. Combine um dia na semana.

□ Porque é que não vamos comer fora esta semana?
■ Boa ideia! Mas tenho que ver quando posso.
□ Que tal, terça-feira?
■ ...

Actividade 6 *Me, te, nos, vos*

Reconstrua o diálogo e complete.

1. Sim, porquê?
2. Então, vou ______ buscar aí a casa. A que horas?
3. Carlos, também vais ao aniversário do Jorge?
4. Buscar ______ ? Sim, mas eu queria ainda comprar um disco na cidade.
5. O.K. Vejo ______ mais tarde.
6. Podes ______ fazer um favor?
   O Luís vai mais tarde. Podes ______ buscar aqui em casa?
7. Não, não é preciso. Nós encontramos ______ na «Melodia» às 6 e depois vamos juntos.
8. Ah, óptimo. Isso também ______ interessa porque eu quero comprar um disco de Milton Nascimento.

3

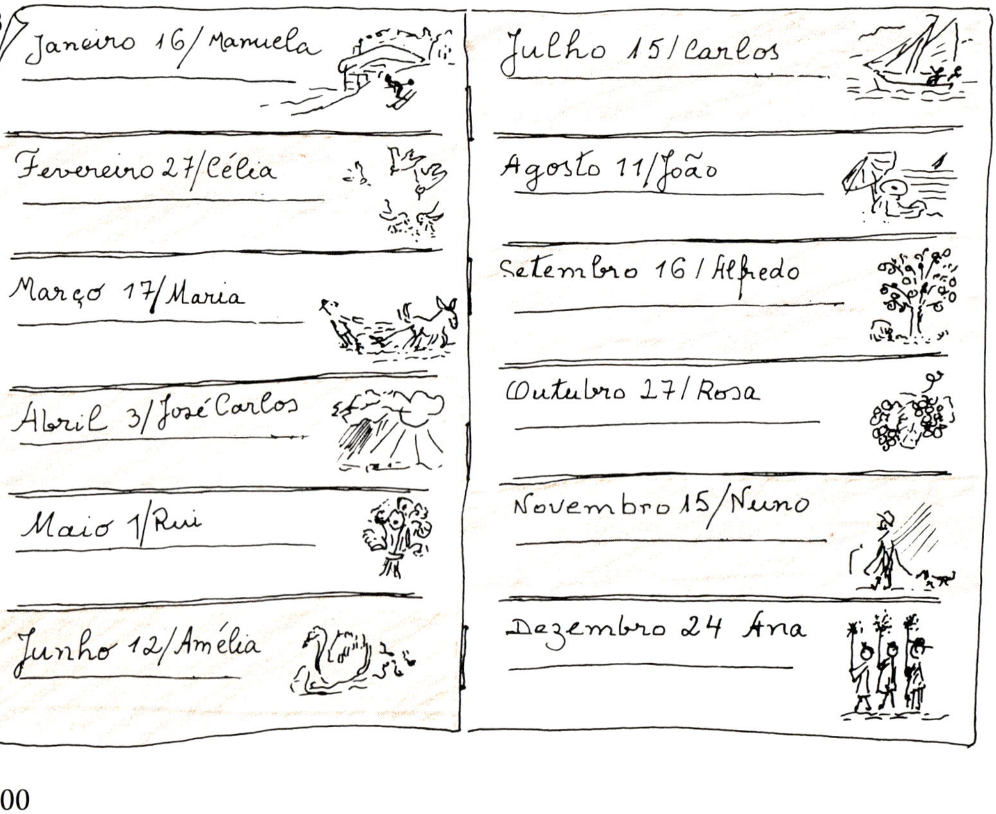

Actividade 7 Calendário de aniversários

□ Em que mês faz anos a Amélia?
■ Em Junho.

Continue…

Actividade 8 Quando faz anos?

Consulte o calendário da actividade 7.

□ Quando faz anos a Amélia?
■ A 12 de Junho.
□ Quantos anos faz?
■ 42 anos.

Continue…

4

□ Então como foi o aniversário?
■ Foi muito divertido.
Durou até às duas da manhã.
Sabes quem eu vi lá? O Alfredo…
□ Que Alfredo?
■ Aquele que namorou a tua irmã.
□ Meu Deus, eu já não vejo esse homem há 15 anos!
Como é que ele está?
■ Gordo e careca.
□ Está casado?
■ Ai, não perguntei.

Como foi	o aniversário? a festa? o filme?

Foi	muito divertido/engraçado. óptimo/interessante. chato/muito bom. horrível/mau/ruim.

Actividade 9 Jogo: É homem ou mulher?

Uma pessoa sai da sala. Os outros escolhem uma personalidade bem conhecida (Steffi Graf, Helmut Kohl, Marilyn Monroe, etc.).
A pessoa que saiu entra na sala outra vez e faz perguntas para descobrir quem foi a personalidade escolhida. Só se pode responder às perguntas com sim ou não:

É homem? · Ainda vive? · É alemão? · Joga futebol?...

Actividade 10 Que ou quem?

□ O filme ______ nós vimos em Paris, já passa em Lisboa.
■ De ______ filme estás a falar?
□ «Três homens e um bébé». É um filme muito divertido.

□ O rapaz ______ conheci em França, vem nos visitar.
■ Esse rapaz ______ ______ falas, é francês? Eu não sei francês.

□ As coisas ______ comprei para o piquenique estão aqui.
■ ______ traz as bebidas?
□ O Carlos queria trazer cerveja e vinho.

□ A rapariga ______ ______ falaste ao telefone há uma hora, telefonou outra vez!
■ O que é que ela queria?

□ Temos que nos levantar sempre tão cedo para chegar a tempo ao trabalho.
■ Pois é, ______ quer morar fora da cidade, tem que se levantar cedo.

Actividade 11 Uma história

Conte uma história com as seguintes palavras:

aniversário	escrever
trabalhar à noite	conhecer a Carolina
divertido	número de telefone
convidar	simpática
passar férias	namorar

Actividade 12

Leia a frase seguinte.
«Por favor, não me podem deixar ler o jornal tranquila e olhar um pouco a televisão? Só peço um pouco de tranquilidade. Não é muito.»

São palavras de um homem ou de uma mulher?
Que conclusões pode tirar sobre a pessoa que disse estas palavras?
Como é o seu dia-a-dia?

5

□ Então o nosso piquenique, quando é?
■ No próximo sábado, está combinado.
□ E o que é que a gente leva?
■ Sei lá, olha, eu posso levar um arroz de tomate e pastéis de bacalhau.
□ Eu levo então um franguinho e uma salada. E os homens compram a fruta e as bebidas.
■ Onde é que a gente se encontra?
□ À saída da ponte, às dez horas.
■ É melhor às dez e meia…

Diversão e Cultura

🕓 10 h 00 – 19 h 00 todos os dias.
M Oriente

Imagine um dia no **Parque das Nações** em Lisboa! Pode visitar o maior oceanário da Europa, ver alguns dos mais interessantes projectos da arquitectura moderna, passear nos jardins e à noite assistir a um espectáculo. Tudo isto ao longo do rio Tejo ...

e na Internet www. parquedasnacoes.pt

Centro Cultural de Belém

Um dos maiores centros culturais da Europa e uma construção notável da arquitectura moderna. Espectáculos, exposições, lojas, restaurantes e jardins.
Praça do Império

🕓 Das 8 às 21.30 h todos os dias.
Sábados, dom. e fer. das 10 às 19.00 h
🚌 27, 28, 29, 43, 49, 51
🚋 15
🚆 Belém (Linha de Cascais)

Museu Nacional do Azulejo

Azulejos portugueses, espanhóis e holandeses dos últimos cinco séculos expostos no belo convento da Madre de Deus (Séc. XV)
Rua Madre de Deus, 4, Lisboa

🕓 das 10 às 18:00 h de quarta a domingo, das 14 às 18.00 h, às terças-feiras.
🚌 18, 42, 104, 105

BARES

PAVILHÃO CHINÊS
Tel. 21342472

Jazz, clássica, variada
Cocktails especiais
Dom. das 21 às 2 h.
2.ª a sáb. das 18 às 2 h

SPEAKEASY
Tel. 21396425

Jazz, Blues

DISCOTECAS

B. LEZA
Tel. 21396373

Africana ao vivo
3ª a dom. das 23 às 4 h

LUX FRÁGIL
Tel. 21882089

Trip-Hop, Techno

CASAS DE FADO

JÁ DISSE
Tel. 21347054

Noites de fado todos os dias excepto aos dom.
Aceita cartões.
2ª a 6ª das 12 às 2 h
Sáb. e fer. das 19 às 2 h

Actividade 13 Onde vamos hoje?

Você está em Lisboa e quer sair com os seus amigos. Combine com eles onde é que vão hoje de manhã, de tarde ou à noite. Consulte a página 104.

Actividade 14 Ontem, depois, …

Complete com *antes de, ontem, já, sempre, cedo, depois, nunca, às vezes, logo.*

□ O que fizeste ____________ ?
■ Fui ao cinema.
□ Gostaste do filme?
■ Não, ____________ vi um filme tão brutal!

□ Quando partimos?
■ Ainda não sei. Telefono-te ____________ para dizer a hora.

□ O Sr. come ____________ aqui?
■ Não, só aos sábados.

□ Carlos, vem cá!
■ Um momento, vou ____________

□ Achas que o filme começa ____________ nove e meia?
■ Sim, começa às nove em ponto.

□ Quando é que a Sra. vem aqui comer?
■ Só ____________ quando não posso cozinhar.

□ Vou para casa. Já são 7 horas.
■ Não, fica mais um pouco. Ainda é ____________ .

Actividade 15

Maria e António já não se vêem há muito tempo. Eles encontram-se na estação, onde Maria espera pelo comboio. Faça o diálogo e use *até, desde, daqui a, ainda, há, já não, há quanto tempo, quando…*

António pergunta	**Maria responde**
ob sie Urlaub macht	bis zum 10. August
nach der Abfahrt des Zuges	in 15 Minuten
ob sie schon lange da wartet	seit 20 Minuten
ob sie Zeit hätte für einen Kaffee	vor 5 Minuten hat sie einen getrunken
ob sie immer noch im Hospital Sta. Maria arbeitet	seit 1984 nicht mehr
was mit dem VW ist	verkauft
ob sie verheiratet ist	schon lange
wann sie ihren Mann kennen gelernt hat	vor sieben Jahren
ob sie schon Kinder haben.	noch nicht.
Er wünscht ihr alles Gute und verabschiedet sich.	Sie bedankt sich und verabschiedet sich.

Actividade 16

Compreensão de leitura

De que fala o texto na página 107?
O que é que o autor acha de especial nas noites de Lisboa?
O que fazem as pessoas nos bares?

Actividade 17

Como é a clientela dos bares?

Uns são	Outros são	Uns são	Outros são
grandes	pequenos	sossegados	barulhentos
...	...	...	...

Actividade 18

Gosta de sair à noite? O que prefere, dançar, ir ao cinema, ao teatro, à ópera ...?
Como é a vida nocturna na sua cidade? Há bares do tipo lisboeta?
Que tipo de bar prefere, e porquê?
Troquem as vossas opiniões.

T1

A noite de Lisboa é uma das mais animadas do Mundo inteiro, com ofertas para todos os gostos. Na capital portuguesa há bares para todos os gostos: intimistas, sociais, grandes, pequenos, clássicos, modernos, silenciosos, barulhentos, elitistas, populares, para gays e para heteros, altos e baixos, magros e gordos.
A oferta de Lisboa é diversificada e em quantidade. Todos os anos, abrem novas casas, com propostas diferentes e novas caras.
Depois do jantar, «bebe-se um copo». Esta é uma das expressões portuguesas mais utilizadas e que é o mesmo que dizer sair, passear, conversar e divertir. À mesa de bar, sentados num sofá, com música ambiente, ou sons e tons ao vivo, fala-se do dia que acabou, trocam-se sorrisos e gargalhadas, passeiam-se as mãos e as bocas em gestos de ternura. Uma imperial, um vodka ou whisky, tudo serve para um brinde e mais uma gargalhada.
Brindemos, então, à noite de Lisboa. Tchim, tchim!

Extraído de «Lisboa step by step», Verão 2000

Actividade 19 Compreensão auditiva

1. Ouça uma vez todo o diálogo. Troque informações sobre o que entendeu com mais dois colegas.
2. Ouça uma segunda vez, e complete as suas informações.
3. Agora ouça só o telefonema, e anote tudo o que entendeu sobre a Joana, o seu marido e a convidada. Compare os seus resultados com os de mais dois colegas.
4. Agora ouça só o encontro entre a Joana e a Renata. O que sabe mais sobre elas? Compare as suas informações com as de mais dois colegas.

T2 **Um convite**

Miguel: Estou!
Joana: Miguel?
Miguel: Ah, és tu, Joana.
Joana: Sim. Olha, telefono-te porque chegou de Hamburgo uma colega alemã com aquele grupo de alunos do intercâmbio ... sabes? Ela só está livre hoje, e precisamos de falar. Na escola nunca há tempo. Eu convidei-a para jantar. Podes vir um pouco mais cedo para pôr as crianças na cama? Assim eu tenho tempo de fazer o jantar.
Miguel: Só que hoje é absolutamente impossível. Tenho uma reunião que acaba lá para as sete e meia. Antes das oito não consigo chegar a casa ... Mas ... porque é que vocês não se encontram aí em casa, conversam um pouco até eu chegar, e depois saímos para jantar. O que achas?
Joana: Também é uma ideia. Mas ... eu não queria deixar as crianças sozinhas ...
Miguel: Telefona à tua mãe.
Joana: É verdade, à quinta-feira ela normalmente está livre.
Miguel: Olha lá, eu não falo alemão, a tua colega fala português ... ou inglês?
Joana: Fala perfeitamente português. Ela viveu uns anos em Angola. Vem o mais cedo possível. Tá bem?
Miguel: Tá descansada, até logo.

Joana: Olá, Renata, entra! Foi difícil chegar aqui?
Renata: Não, facílimo. Tu sabes que eu ando sempre com uma planta da cidade ... Muito obrigada pelo convite, e isto é uma pequena lembrança.
Joana: Ah, muito obrigada. Que bonito! E útil. O Miguel vai adorar também.
Renata: Este bairro tem um certo charme, não tem?
Joana: Sim, sim. Depois vamos dar uma volta por aí.
Renata: Moras aqui há muito tempo?
Joana: Não. Morámos vários anos na periferia, mas como ambos trabalhamos na cidade, resolvemos mudar para o centro. Porque é horrível ter que perder todos os dias quase duas horas e meia no trânsito! Aqui estamos perto de tudo. Só há um problema ... o estacionamento. É in-fer-nal! Tu também moras no centro?
Renata: Não. Moro a 15 km do centro, mas perto da escola onde trabalho. É um lugar muito verde e muito sossegado.
Joana: Olha, chegou o Miguel.

Actividade 20 Passar o tempo

Mostram todas estas fotografias uma forma de passar o tempo?
Na sua opinião que fotos são tipicamente portuguesas e porquê?

E você, tem muito tempo livre?
O que é que gosta de fazer no seu tempo livre?
Tem um «hobby»?
O seu «hobby» ocupa todo o seu tempo livre?

1

NORTE

No Verão
O clima é quente e húmido.

No Inverno
O clima é frio, húmido, chuvoso e nas regiões montanhosas neva.

SUL

No Verão
O clima é quente e seco.

No Inverno
O clima é temperado e húmido.

Como é o clima	no Verão? no Inverno? no Outono? na Primavera?

É	quente/seco. frio/húmido. chuvoso. temperado.

UNIDADE 9

Actividade 1 Como é o clima no seu país?

Como é o clima no seu país?
É o mesmo no Norte e no Sul?
Como é no Inverno? E no Verão?

2

□ Bom dia.
■ Bom dia, minha senhora.
□ O senhor sabe me dizer qual é que tem melhor clima, a Madeira ou os Açores?
■ Ah! É sem dúvida a Madeira. São climas muito diferentes. A Madeira é mais quente e lá chove menos. Nos Açores, até no Verão chove.
□ Mas são aguaceiros rápidos, não é?
■ Não, não. É chuva contínua.

Qual é que tem melhor clima,
a Madeira ou os Açores?

A Madeira é mais quente.
Os Açores são mais frios.
Na Madeira chove menos.
Nos Açores chove mais.

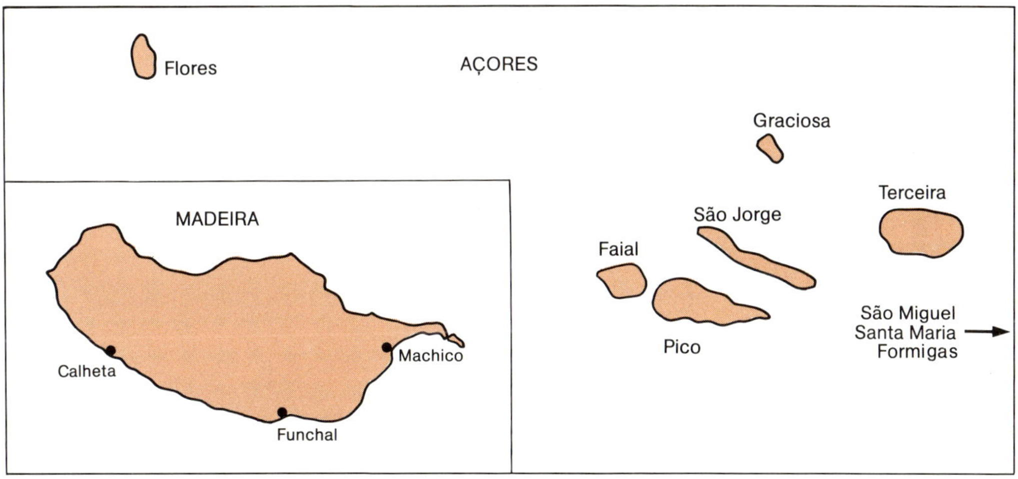

Actividade 2 Onde é mais quente?

Você está a conversar num grupo sobre Portugal e o seu país. Quer comparar alguns aspectos dos dois países, mas no grupo há opiniões diferentes.

□ Vocês acham que o mar é mais quente em Portugal ou aqui?
■ Sem dúvida em Portugal é mais quente!
○ Eu não acho. Estive no Norte e o mar aí é muito frio,...

Continuem...

mar	importante
clima	divertido
casa	limpo/poluído
tempo livre	frio/quente
ruas	pequeno/grande
cafés	baixo/alto
restaurantes	familiar/formal
gente	cheio
praças	aberto/reservado
preços	numeroso
ritmo de vida	frequentado
comida	rápido/lento
	barulhento/sossegado
	bom
	bonito

3

□ Onde fazemos férias este ano, já pensaste?
■ Eu gostava de ir outra vez para o Algarve.
□ Mas olha lá, tem que ser sempre o Algarve?
■ Ah! Eu preciso de ir para onde faz sempre sol, calor, onde a água é quente...
□ Mas no Norte também tens praia e além disso tens pinheiral, serra, cidades antigas, muitas coisas para ver.
■ E o vento norte... e o mar bravíssimo...!! Não, eu preciso de nadar e relaxar.

Como está o tempo?

Está Faz	sol. frio. calor. vento.
Está	a chover. de chuva.
Chove. Neva.	

Eu gostava de Queria tanto	ir para o Algarve. passar férias no estrangeiro…
Eu preciso de/Necessito de Tenho necessidade de	sol, sossego, … nadar, relaxar, …

Actividade 3 Como está o tempo aí?

Telefone a um amigo, que mora noutra cidade ou noutro país.
Vocês falam disto e daquilo e entre outras coisas também do tempo.

Actividade 4 O que gostava de fazer?

Você vai fazer anos. O que gostava de fazer no seu aniversário?

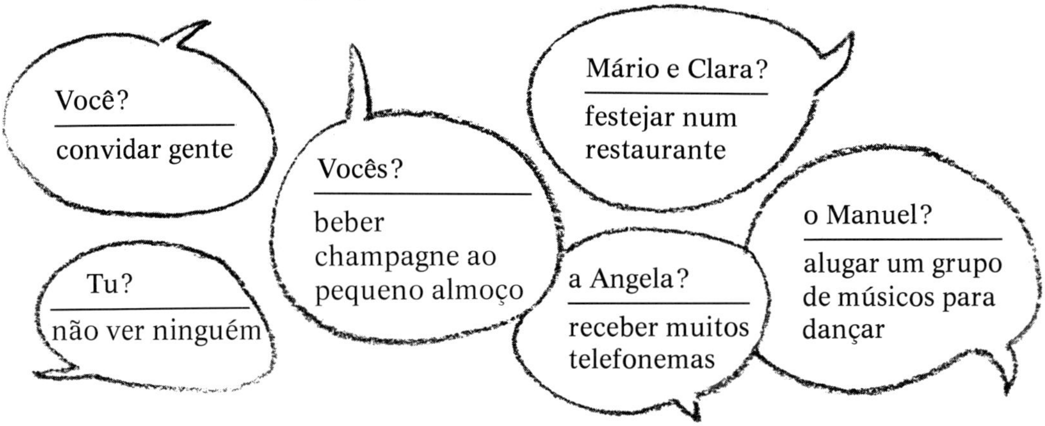

Actividade 5 Do que gosta mais?

Comparem dois a dois as seguintes actividades: nadar/andar de bicicleta. Jogar cartas/jogar tenis. Ler/ver videos. Ir ao cinema/fazer skateboard. Caraoke/dançar.
Eu gosto mais de nadar do que de andar de bicicleta.
Eu não. Eu gosto mais de andar de bicicleta do que de nadar.
Continuem ...

Actividade 6 Como me vejo?

Compare-se com estas pessoas.

Margaret Thatcher

João Paulo II.

Nina Hagen

4

□ A que horas sai o próximo comboio para o Porto?
■ Às 15.30.
□ E quando chega?
■ Às 19.45.
□ De que linha parte?
■ Da linha 3.
□ Obrigado.

De que linha parte	o comboio	para Coimbra?
Em que linha chega		de Lisboa?

Da linha 3.
Na linha 5.

Actividade 7 De que linha parte?

Para saber o que está nestas 6 tabuletas, que perguntas fazem?
Façam o diálogo.

LINHA 3
PARTIDA
PORTO (CAMPANHÃ)
GUARDA - TOMAR
IC 15.25

LINHA 1
CHEGADA
LISBOA (S.ta Apolónia)
Alfa 20.15

LINHA 4
PARTIDA
COIMBRA B
IC 19.47

LINHA 2
PARTIDA
Aveiro
R 11.35

LINHA 5
PARTIDA
PORTO (CAMPANHÃ)
GUARDA - TOMAR
IC 16.00

LINHA 6
CHEGADA
PORTO (S. BENTO)
R 18.10

Actividade 8

Quais são as palavras que se referem

a comboios / a gente / a tarifas especiais / a compra de bilhetes?

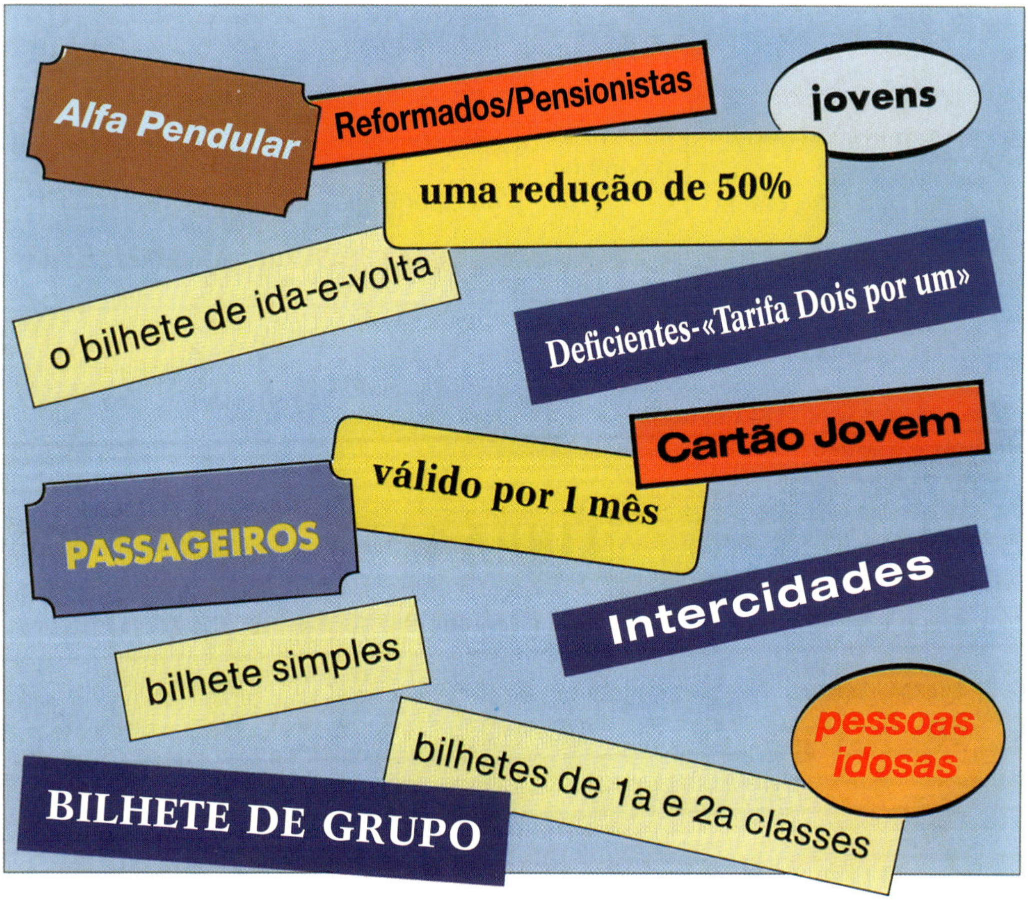

Actividade 9 Gostava tanto de ir de comboio!

A gostava de conhecer melhor o Norte e aproveitar a oferta da CP (pág. 119).
B quer ir junto, mas quer ir com o novo carro.
Escolham o papel de A ou B. Que argumentos vão usar para realizar o vosso desejo? Façam o jogo.

5 Nós damos-lhe tempo

Aproveite um fim-de-semana ou umas curtas férias e venha connosco. Alguns percursos da CP são dos mais belos e ricos que se podem fazer em Portugal. Quem passa não esquece a vista do castelo de Almorol com o Tejo por perto. Pode fazer um percurso pelo verde Minho ou percorrer a Linha da Beira Baixa. Apresentamos, ainda, comboios para várias cidades que podem ser visitadas através da nossa rede ...

Escolha um percurso e arrisque-se a gostar.

Extraído do «Guia Expresso das mais Belas Viagens de Comboio» – Caminhos de Ferro Portugueses, EP

Dia do ambiente

O comboio
respeita o ambiente
viajar de comboio é seguro,
menos poluente
e energeticamente
económico.

6

- □ Um bilhete de ida-e-volta para o Porto, faz favor.
- ■ Para o Alfa ou para o Intercidades?
- □ Qual é a diferença?
- ■ O Alfa é mais confortável e mais rápido.
- □ E é preciso reservar lugar?
- ■ Sim. Sim. Quer dizer, deve comprar o bilhete com antecedência.
- □ Então dê-me um bilhete para o Alfa.
- ■ Primeira ou segunda classe?
- □ Segunda.

Um bilhete	simples de ida-e-volta primeira classe	para	Lisboa. o Alfa.

Actividade 10 Na Estação de Campanhã

Você está no Porto, na Estação de Campanhã.
Faça o diálogo nas 2 situações seguintes. Para dar a informação, consulte o horário dos comboios.

1. Você quer chegar a Lisboa até às 13.30.
   Informe-se sobre os comboios que há.
2. Você volta hoje para Lisboa, mas quer parar em Coimbra para ver um amigo.
   Ele só está livre de manhã. Informe-se sobre os comboios e compre o bilhete.

Lisboa / Braga Porto / Régua — ALFA PENDULAR / INTERCIDADES

Categoria		Alfa Pendular	Alfa Pendular	Alfa Pendular	Intercidades		Suburbano	Intercidades	Alfa Pendular
Número		122	124	126	510		15202	530	130
Classe		C-T	C-T	C-T	1-2		2	1-2	C-T
Serviços Disponibilizados									
Observações		R 1 6	R 1 2	R 1	R	9		R	R 1
Porto (Campanhã)	C						8.24		
Porto (Campanhã)	P	6.05	7.10	8.05				9.05	11.05
Vila Nova de Gaia	P	6.10	7.15	8.10				9.10	11.10
Espinho		6.20	|	8.20				9.20	|
Ovar		|	|	|				9.30	|
Estarreja		|	|	|				—	|
Aveiro		6.48	|	8.48				9.48	11.48
Mealhada		|	|	|				—	|
Pampilhosa		|	|	|				10.11	|
Coimbra-B	C	7.17	8.14	9.17				10.20	12.17
Coimbra-B	P	7.22	8.21	9.26				10.26	12.25
Coimbra	C	7.26	8.25	9.30				10.30	12.29
Coimbra	P	7.04	8.04	9.04	9.55			9.55	12.04
Coimbra-B	C	7.08	8.08	9.08	9.59			9.59	12.08
Coimbra-B	P	7.19	8.16	9.19	10.10			10.22	12.19
Alfarelos		—	|	—	—			10.34	—
Pombal		7.43	|	9.43	10.33			10.49	12.43
Caxarias		|	|	|	|			—	|
Fátima		|	|	|	|			11.13	|
Entroncamento		|	|	10.19	11.11			11.31	13.19
Santarém		8.40	|	10.40	11.31			11.55	13.40
Vila Franca de Xira		—	|	—	—			12.24	—
Lisboa (Oriente)	C	9.17	10.06	11.17	12.06			12.36	14.17
Lisboa (Stª.Apolónia)	C	9.25	10.15	11.25	12.15			12.45	14.25

SIMBOLOGIA:

- Alfa Pendular
- IC Intercidades
- Suburbano
- R Regional
- R Reserva obrigatória de lugar
- Serviço de pequeno almoço ao lugar em Classe Conforto
- Serviço de pequeno-almoço
- Serviço de refeição ao lugar em 1ª Classe ou Classe Conforto
- Serviço de restaurante e bar
- Serviço de bar
- Serviço de mini-bar
- C Chegada
- P Partida

C-T – Classes "Conforto e Turística".

Actividade 11 Atenção Srs. passageiros!

Ouça os avisos e responda às perguntas.

1. Onde estamos?
   De onde vem o comboio?
   O comboio chega à hora certa?
2. Para onde vai o comboio?
   De que linha parte?
3. Em que linha entra o comboio?
   De onde vem?
4. Onde estamos?
5. Para onde vai o avião?
   Ele parte à hora certa?

Actividade 12 Que meios de transporte usa?

□ Que meios de transporte usam quando vão à Bélgica?
■ Vamos de carro, porque trazemos muitas coisas da Bélgica.
E você?

Continue...

1. Para ir esquiar,
2. Para ir ao centro,
3. Para fazer uma excursão,
4. Para fazer compras,
5. Para visitar um amigo,
6. Para ir à Inglaterra,

que meios de transporte usa?
E porquê?

Anedota brasileira

O Manuel, emigrante português no Brasil, telefona para a TAP para pedir uma informação.

Manuel: Faz favor, quanto tempo leva um voo do Rio de Janeiro para Lisboa?
Telefonista: Um minutinho...
Manuel: Puxa! Estas viagens estão cada vez mais rápidas!!!

Actividade 13 Compreensão auditiva

Ouça o seguinte diálogo.

T1 A partida

□ Olhe, leve-me o mais depressa possível à Estação de Sta. Apolónia, faz favor!
■ A que horas parte o seu comboio?
□ Às sete e cinco. Acha que chegamos a tempo? Tenho medo de perder o comboio ...
■ Bem, não é fácil atravessar a cidade na hora de ponta ... Vamos pela Marginal. Cá estamos, as Sras. têm ainda sete minutos.
...
○ Deixa-me levar esta mala.
□ Sim sim, mas depressa que ele já vai partir.
○ Qual é o comboio?
□ É o International para Madrid.
○ Ele está com atraso. Acalma-te, tens muito tempo ainda. E qual é a carruagem?
□ Agora não sei do bilhete!
○ Procura devagar.
□ Eu sei que é um beliche. Ah! Aqui está. Carruagem 7.
○ Ah! Finalmente. Desejo-te muito boa viagem, e telefona-me!
□ Com certeza. Olha, muito obrigada pela tua ajuda, dá cumprimentos aos teus pais, e até à volta.
○ Adeus!

Actividade 14

Quais afirmações são certas, quais erradas?
Compare com os resultados de mais dois colegas.

	certo	errado
1. A senhora apanhou um avião para Paris.	□	□
2. O táxi vai pela Marginal.	□	□
3. No centro da cidade há muito trânsito.	□	□
4. Ela leva a sua bagagem sozinha.	□	□
5. Ela reservou um lugar.	□	□
6. Ela perdeu o bilhete.	□	□

Actividade 15

Ouça novamente o texto e dê atenção a certas afirmações.

1. Ela não diz : Leve-me já à Estação de Sta. Apolónia.
   mas sim : Leve-me ______________________
2. Ela não diz : Vou perder o comboio.
   mas sim : ______________________ perder o comboio.
3. Ele não diz : Não é fácil atravessar a cidade na hora de muito trânsito.
   mas sim : Não é fácil atravessar a cidade ______________________
   ____
4. A amiga
   não diz : O comboio está atrasado.
   mas sim : ______________________
5. Ela não diz : Procura com calma.
   mas sim : ______________________

Actividade 16

Sie wollen Ihre Ferien im Haus eines befreundeten Ehepaares in Portugal verbringen. Schreiben Sie Ihren Freunden einen Brief mit folgenden Angaben:

Abfahrt: 18. Mai, Flughafen Düsseldorf 14.30 Uhr.
Ankunft: Lissabon 18.30 Uhr.
Erkundigen Sie sich:
a) Wie Sie vom Flughafen Lissabon zu deren Wohnung kommen können.
b) Ob Ihre Freunde sich etwas aus Deutschland wünschen.
Drücken Sie Ihre Freude aus, sie wiederzusehen, und verabschieden Sie sich.

Caros amigos,
...

Actividade 17 Férias, férias, férias ...

Para você o que quer dizer férias?
Como pode imaginar umas férias em casa?
Em que estação do ano faz férias?
Porquê?
O tempo é importante para você?
No seu país só se faz férias no Verão?

Viajar contra a maré

Assim que chega o frio, começam a pensar em fugir. E para eles só há dois caminhos: o sol dos trópicos ou a neve das montanhas.

T2 Para onde fugimos?

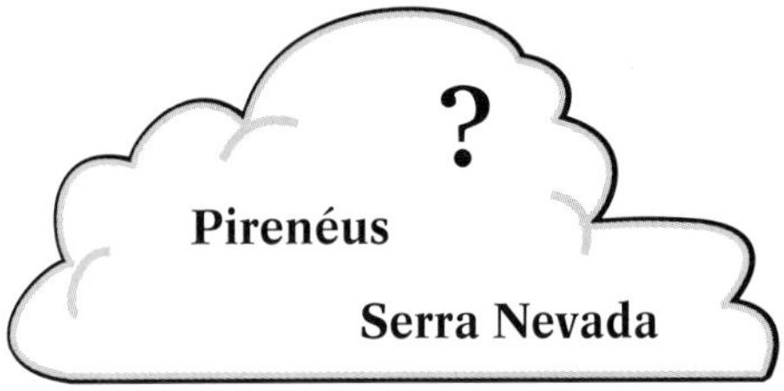

Daniel Couto, 28 anos, engenheiro químico, tem 22 dias úteis de férias – como a maioria dos mortais. Assim que chega o frio, parte à procura de águas quentes, praias sem vento e com pouca gente. Por isso, a América Latina é o seu destino preferido. Só ao Brasil já foi três vezes.

No Verão prefere ficar em Lisboa a trabalhar.

Há três anos, Daniel seria uma excepção à regra. Hoje são cada vez mais os «viajantes de Inverno».

Pedro Pacheco, como é funcionário público, tem 25 dias úteis de férias, mas só uma semana é gasta em Setembro para poder estar na praia. De resto, metade do tempo é para fazer snowboard, a outra para visitar a família na Índia.
Os colegas de trabalho ficam todos contentes, porque escolhe sempre o Verão para ficar. Ou seja, ainda vai muito contra a maré.
«É mais barato tirar duas semanas na Índia, em Novembro do que uma semana no Algarve em Agosto», garante.
Os portugueses começam a perceber que fugindo das grandes épocas é possível viajar por muito menos dinheiro …

MINHO
PARTIDAS
CHEGADAS
LINHA ORIGEM CAT HORA
7 VALENÇA SD 11.00
5 POCINHO SD 11.15
6 COIMBRA-B 11.23
8 V.CASTELO 11.56
3 POCINHO SD 13.35
SAÍDA

1 Na rota do vinho verde

Chamaram-lhe verde porque cresceu numa terra fresca e montanhosa, numa paisagem sempre verdejante. A sua proximidade com o mar e os rios que atravessam esta região, conferem-lhe um clima bastante húmido. Chamam-lhe verde ainda porque é muito fresco, tem uma vida curta e bebe-se novo, um ano depois da colheita. É um vinho leve, seco e com uma agradável efervescência. É cultivado no Noroeste de Portugal, numa região que se estende por todo o Minho, desce ao Douro Litoral e entra levemente em Trás-os-Montes e Beira Litoral.
Diz-nos a história que foram os vinhos verdes os primeiros vinhos portugueses conhecidos nos mercados europeus e consta que em 1295 a Inglaterra pagou, por uma pipa de vinho desta região, três libras.

Bebem este vinho ainda novo.
O vinho verde bebe-se fresco.
Diz-se que foi o primeiro vinho português conhecido na Europa.

Actividade 1

Todos dizem que o preço do pão vai subir.

Em português também se pode dizer isto assim:
Dizem que o preço do pão vai subir. Ou: Diz-se que o preço do pão vai subir.

Continue...

1. Em Portugal, todos falam muito do Mercado Comum.
2. Na Alemanha, todos bebem mais cerveja que vinho.
3. Em Portugal, as pessoas bebem vinho só com a comida.
4. Em Portugal, eles jantam às nove horas da noite.
5. No Norte, eles comem mais do que no Sul.
6. Em Portugal, as pessoas gostam muito de petiscar.
7. O povo chama aos habitantes do Porto «tripeiros».

Actividade 2

Faça o diálogo e na resposta use os pronomes pessoais *me, lhe,* etc.

□ Telefonaste ao Paulo?
■ Sim, telefonei-lhe ontem à tarde.

Continue...

□ Perguntaste ao Paulo se ele quer vir ao restaurante connosco?
■ Sim, ______________________
□ E o que é que ele te disse?
■ ______________________ está sem dinheiro.
□ Tu não deves ao Paulo um dinheiro?
■ Sim, ______________________

□ Disseste ao Paulo que tu pagas para ele o jantar? ■ Sim, ____________

□ Deste ao Paulo o endereço do restaurante? ■ Sim, ____________

□ Pediste ao Paulo para estar lá às 8 horas? ■ Sim, ____________

Actividade 3

Repita o mesmo diálogo, mas no lugar de Paulo use Pedro e Manuel.

Na Serra da Estrela

Litoral Norte

Chuva forte, temperaturas moderadas tanto no Verão como no Inverno.

Interior Norte

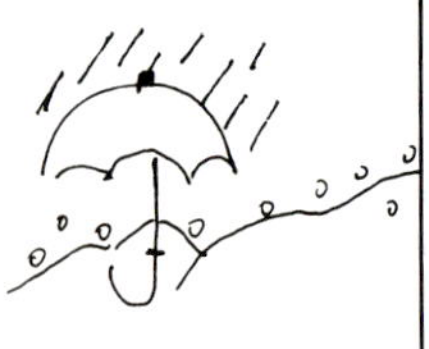

Chuva moderada, temperaturas altas no Verão, baixas no Inverno. Neve nas regiões montanhosas.

Sul

Chuva fraca, temperaturas altas no Verão, médias no Inverno.

Produtos agrícolas

vinho verde	milh
vinho maduro	arro
centeio	fruta
trigo	azeit

2

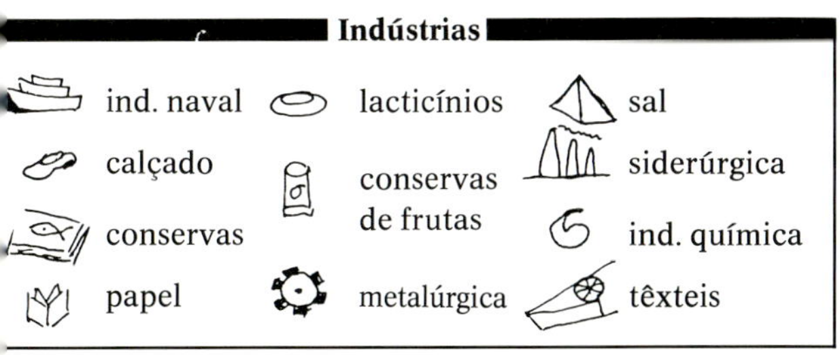

O Minho é uma província no Litoral Norte de Portugal, onde chove muito. O Verão e o Inverno são moderados, e a paisagem sempre verde. É uma região montanhosa que dá sobretudo milho, e onde se produz muito vinho verde. Tem, além disso, uma indústria têxtil que é a mais importante de Portugal. No Minho come-se muito caldo verde e bacalhau assado na brasa. A gente é alegre e amiga de festas e romarias.

Actividade 4

Onde achas que se pode esquiar em Portugal?

Construa frases e responda a elas com a ajuda do mapa na página 130 e 131.

	se pode	nadar
	cresce	esquiar
	se produz	fazer surf
	se faz	calçado
Onde	se vê	lacticínios
	se fabrica	conservas de peixe
	se encontra	têxteis
	se extrai	azeite
		trigo
		sal

Actividade 5

O Alentejo é uma região que eu adoro!

Num pequeno grupo de 3 pessoas procurem saber quem já esteve em Portugal e em que região. Cada um procura descrever para os seus colegas a região onde esteve (a localização no mapa, o clima, o que comeu, o que viu, como é a gente etc.).
Quem nunca esteve em Portugal consulte os elementos nas páginas 130 e 131 e escolha uma ou duas regiões onde gostava de ir. Explique aos colegas porquê.

Actividade 6

Olhe as fotografias das págs. 129–131. De baixo de que fotos você acha que ficam bem as frases seguintes? Consulte o seu colega.

1. ...fica no cimo de Portugal como os ninhos ficam no cimo das árvores....
   ...
   Vê-se primeiro um mar de pedras.
   ...
   Tudo parado e mudo...
   ...
   Não se vê por que maneira este solo é capaz de dar pão e vinho. Mas dá...

(Miguel Torga)

2. O vinho é verde, o caldo é verde...
   ...
   «Até as montanhas parecem relvedos!» *(Miguel Torga)*

3. O Alentejo não tem sombra
   Senão a que vem do céu.
   Sente-se aqui menina
   À sombra do meu chapéu *Cantiga de trabalho* (Beira-Baixa)

4. O Algarve, para mim é sempre um dia de férias na pátria. Sinto-me livre, aliviado e contente, eu que sou a tristeza em pessoa! A brancura dos corpos e das almas, a limpeza das casas e das ruas... *(Miguel Torga)*

5. Há rios na Beira? Descem da Estrela.
   Há queijo na Beira? Faz-se na Estrela.
   Há roupa na Beira? Tece-se na Estrela.
   Há vento na Beira? Sopra-o a Estrela. *(Miguel Torga)*

3

Restaurante Bons amigos

Ementa

Couvert

Pão	0,60 €
Manteiga	0,60 €
Azeitonas	0,70 €
Queijo seco	2,30 €
Presunto	6,00 €

Entradas

Cocktail de gambas	9,00 €
Ameijoas ao natural	9,50 €
Espargos	7,00 €

Saladas

Salada de tomate	3,50 €
Salada de alface	3,00 €
Salada mista	3,50 €

Peixes

Bacalhau assado ou cozido	9,50 €
Pescada dourada	8,00 €
Linguado grelhado	14,00 €
Garoupa grelhada ou cozida	12,00 €
Truta do rio Minho à transmontana	7,00 €
Pescada cozida com todos	9,80 €
Dourada grelhada	9,00 €

Carnes

Escalopes de vitela au champignon	8,50 €
Febras de porco no churrasco	8,00 €
Carne de porco à alentejana	9,00 €
Bife da casa	9,50 €
Bife do lombo grelhado	12,00 €
Frango frito	7,00 €

Sobremesas

Arroz doce	2,00 €
Pudim	2,00 €
Mousse de chocolate	2,00 €

IVA incluido 12%

Actividade 7

Como pode ser preparada a carne?	*E o peixe? Como pode ser preparado?*
1. Pode ser assada.	1. ______________________
2. ______________________	2. ______________________
3. ______________________	3. ______________________
4. ______________________	4. ______________________

Actividade 8

Sie hören Erklärungen für verschiedene portugiesische Gerichte.
Finden Sie heraus, um welches Gericht es sich jeweils handelt.

Pratos típicos

Trás-os-Montes
Feijoada e vitela assada

*

Minho
Caldo verde
Bacalhau assado na brasa

Douro Litoral
Cozido à portuguesa
Caldeirada de peixe

*

Alentejo
Açorda e gaspacho

Estremadura
Sardinhas assadas

*

Algarve
Amêijoas na cataplana

Actividade 9 — Como é feito o frango?

Vocês estão em Portugal, numa pensão familiar a jantar. Durante o jantar a dona da casa pergunta se estão satisfeitos.

□ Os Srs. estão satisfeitos?
■ Oh! Este frango é uma delícia. Como é feito?
□ É muito simples. É refogado na panela com cerveja.
■ Com cerveja?

Continue...

cabrito	assado		forno
vitela	refogado		grelha
arroz	frito	no	brasa
amêijoas	grelhado	na	frigideira
bife	cozido		cataplana
sardinhas			panela

Actividade 10 — O que é que vais comer?

Você está no restaurante com um amigo. A ementa é muito variada e você não conhece todos os pratos. Você pergunta ao seu amigo o que é que ele pode recomendar e os dois falam sobre o que gostavam de comer.

4

□ Os senhores já escolheram?
■ Diga-me, como é a pescada à casa?
□ É cozida e acompanhada de batatas e grelos.
■ E este bacalhau assado? Não é muito salgado?
□ Não senhora, porque primeiro é cozido e depois é assado no forno com batatas e regado com azeite e limão. É uma delícia.
■ Então, antes quero o bacalhau.
□ E para o senhor?
○ Costeletas de porco grelhadas e uma salada mista. Para o menino traga meio bife com batatas fritas.
□ Mal passado ou bem passado?
○ Bem passado.
□ E para beber?
○ Um sumol de laranja, meia garrafa de vinho tinto maduro da casa e um quarto de litro de vinho verde branco.

Diga-me, como é a pescada à casa?
Qual é o prato do dia?
O que é que me recomenda como entrada?
Qual é a especialidade da casa?

Actividade 11 Leve-me à estação de Sta. Apolónia!

Peça as mesmas coisas mas de outra maneira.

1. O senhor pode nos levar à estação de Sta. Apolónia?
2. Podes me dar o teu número de telefone?
3. Pode me reservar um quarto para o dia 21?
4. Podem me fazer um preço amigável?
5. Fernando, podes me dizer onde há táxi?
6. Pode trazer o vinho, faz favor?
7. Pode me dar o meu passaporte?
8. Pode me escrever o seu endereço?

Actividade 12 O pedido

Você está num restaurante e já escolheu o que quer comer.
Chame o empregado e faça o pedido.

Actividade 13 No restaurante

Um cliente e o empregado. Faça o diálogo.

□ O cliente pede vinho verde.
■ O empregado pergunta qual ele deseja.
□ O cliente repete admirado que quer vinho verde.
■ O empregado explica gentilmente que há 3 espécies de vinho verde (branco, tinto e rosé).
□ O cliente inseguro pede um conselho.
■ O empregado aconselha.
□ O cliente faz o pedido.

5

□ Faz favor, traga a conta, sim?
■ Os Srs. não querem sobremesa?
□ Uhm … o que tem?
■ Temos pudim flan, pudim molotof, mousse de chocolate e fruta da época.
□ Um café e um bagaço.
○ Tem sorvete de baunilha e chocolate?
■ Sorvetes não temos.
○ Que pena! Então é só um café.

*** BELO SOL ***
* RESTAURANTE * CERVEJARIA * MARISQUEIRA *
De: TAGLIA,Lda Cont.501296840 Iva Inc 12%
Capital Social 9.975,96 Euros C.R.C. Cascais sob nº 2392
Rua Miguel Bombarda nº 343 PAREDE T.214564697

SOPA DE LEGUMES	1	1.00
CESTO PAO	1	0.80
1/2 ISCAS A PORTUGUES	1	5.00
CHERNE GRELHADO	2	16.00
IMPERIAL	5	4.00
PUDIM DA CASA	2	3.60
MOUSSE CHOCOLATE	1	1.80

TOTAL 32.20

TALAO Nº 48180 20/07/2004
FACTURA/RECIBO n 3271

GUEDES
MESA Nº 21
CONTRIBUINTE:
NOME

MORADA

processado por computador

O que tem como sobremesa?
Tem sorvete?

Traga a conta, faz favor!

Temos...
Sorvete não temos.

Actividade 14 Uma reclamação

O que é que você diz neste caso?

1. Pediu uma coisa e o empregado trouxe outra.
2. A conta está errada.
3. Na mesa faltam talheres.
4. O vinho não está na temperatura ideal.
5. O bife não está como você pediu.

6

Actividade 15

Imagine o diálogo entre este casal quando viram os preços.

Actividade 16

Complete este texto.

□ Porque não vamos jantar fora? Telefona ______ teu irmão e pergunta ______ se ele conhece um restaurante de comida regional aqui perto.
■ Primeiro, tenho que pedir ______ Sónia para ficar com as crianças. Sabes quanto se paga ______ um baby-sitter?
□ Não. Mas pergunta ______ teus pais se não querem fazer isso. Nós também fazemos tantos favores ______ eles.
■ Já ______ perguntei, mas hoje eles vão sair.
□ Então telefona ______ Sónia e diz ______ que saímos às oito e meia.

Actividade 17

Desculpe, repita a frase!

Faça esta actividade primeiro com um colega que você trata por tu.
Fala mais alto, faz favor!

Continue...

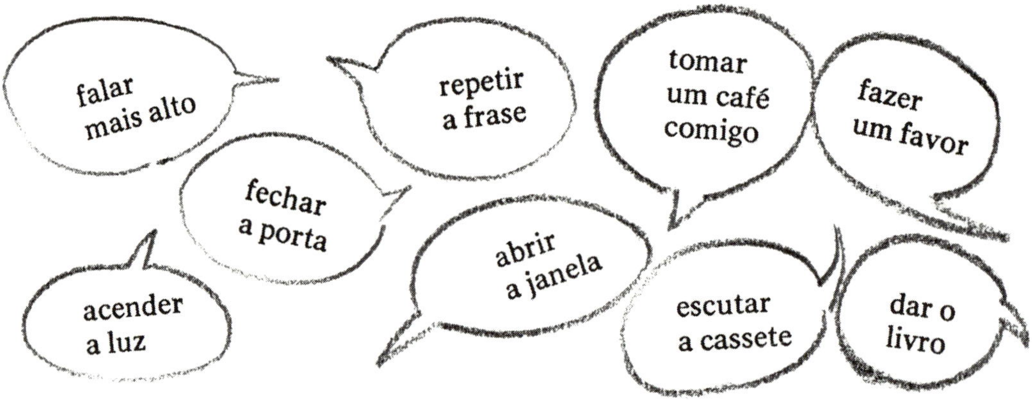

Faça a mesma actividade com outro colega, mas trate-o por você.

Actividade 18 Compreensão de leitura

Leia o texto seguinte. Com dois colegas troquem informações sobre o que entenderam.

1

O «Papa Açorda»

Todas as grandes culturas mundiais nasceram à base de um cereal: o trigo na Europa e no Próximo-Oriente, o milho nas Américas, o arroz no Extremo-Oriente. Há dez mil anos que o homem come pão e com o pão surgiu a açorda. Açorda, em português, tem vários nomes. Aqui é açorda, além chama-se migas, mas também pode ser papas, e o dicionário diz que açorda é uma espécie de sopa de pão. Comida à base de pão é dos povos mais simples, e os grandes livros de cozinha quase nem falam de açordas. Açorda é, na sua simplicidade básica, pão, azeite e alho com um pouco de água a ferver.

Mas a isto pode-se acrescentar um pouco de tudo: camarões, lagosta, toda a espécie de mariscos e assim se cria um prato muito refinado. Devemos aos árabes esta saborosa papa, agora um prato finíssimo em Lisboa, desde que foi inaugurado o restaurante «Papa Açorda» em pleno Bairro Alto. Açorda hoje é, para a maioria dos consumidores, a de marisco com o seu ovo esfarrapado mesmo em frente do cliente. Lá está ela na ementa e a um preço puxado. A cozinha portuguesa não é um óptimo exemplo de como se faz de um prato pobre um manjar de reis?

Adaptado da «Grande Reportagem»

Actividade 19

Leia mais uma vez.
Em grupo responda às seguintes perguntas:

1. O que é que as grandes culturas mundiais têm em comum?
2. O que é a açorda?
3. A açorda é conhecida em todo Portugal?
4. A açorda é um prato refinado?
5. Como chegou a açorda a Portugal?
6. Como é a açorda do restaurante lisboeta «Papa Açorda»?

Actividade 20 A delícia do prato pobre

«Fazer de um prato pobre um manjar de reis» é uma arte bem portuguesa.
Pode-se dizer isto também do seu país?
Dê um ou vários exemplos.

Actividade 21 Que restaurante?

1. Você vai às vezes ao restaurante? Em que ocasião?
2. Que tipo de restaurante prefere: alemão, estrangeiro, ... ?
3. O que acha importante num restaurante? (o ambiente, o serviço, o tipo de comida...)

UNIDADE 10

TENHO UMA JANELA

T2

Tenho uma janela
que dá para o mar
barcos a sair
barcos a entrar
tenho uma janela
que dá para o mar
sonhos a partir
sonhos a chegar
tenho uma janela
que dá para o mar
um fio de fumo
uma sombra além
uma história antiga
um cantar de vela
um azul de mar
tenho uma janela
que dá para o mar
tenho uma janela
que seria bela
seria mais bela
que qualquer janela
janela fosse ela
de Lua ou de estrela
ou qualquer janela
de qualquer escola
se não fosse aquele
pescador já velho
que anda pela praia
a pedir esmola
barcos a sair
barcos a entrar
chego-me à janela
e não vejo o mar.

Mário Castrim,
Colóquio, Plátano Editora

1 É mesmo assim?

□ Sabes o que acabei de ver? No tanque da Guidinha está um alemão a lavar roupa!
■ E aposto que à volta dele já está uma multidão a olhar e a rir-se.
□ Claro, tu já o viste?
■ Não, mas conheço-o. É o marido da Fátima. Ela veio cá ter a criança e ele ajuda-a em tudo.
□ Mas ele é muito engraçado! Não é? Diz-me lá, tu que estiveste na Alemanha: os alemães são todos assim?
■ Nem todos. Mas isto lá é natural, quando as mulheres trabalham fora de casa.

Aposto que Queres ver que Vais ver que	está um alemão a lavar roupa. já está uma multidão à volta dele.

Actividade 1 — É mesmo assim?

Como é a divisão de trabalho na sua casa?

É mesmo assim, que a mulher tem que:
fazer limpeza?
fazer compras?
cozinhar?
tratar das crianças?
tratar da casa?

E o homem tem que:

tratar das coisas
técnicas?
económicas?
e mais complicadas?

Discuta num grupo sobre isto.
Se tem amigos portugueses, como é a divisão do trabalho em casa deles?

Anedotas

Dois brasileiros assistem a um concerto:

□ Aposto que o pianista é português!
■ Como sabes?
□ Porque em vez de puxar o banco puxou o piano…

Três amigos estão sentados à mesa de um café (dois portugueses e um brasileiro):
□ Vocês já sabem a última anedota sobre os brasileiros?
■ Cuidado hem! Eu sou brasileiro!
○ Não faz mal pá, a gente repete.

Actividade 2 — Acabei de chamar

Procure várias respostas para cada pergunta.

□ Já chamou o táxi?
■ Vem já. Acabei de chamar. / Sim, acabei de telefonar, mas não há táxis livres. / Acabei de chamar, mas ninguém responde. / Vem já. O meu colega acabou de chamar.

Continue…

Tens notícias da Maria?

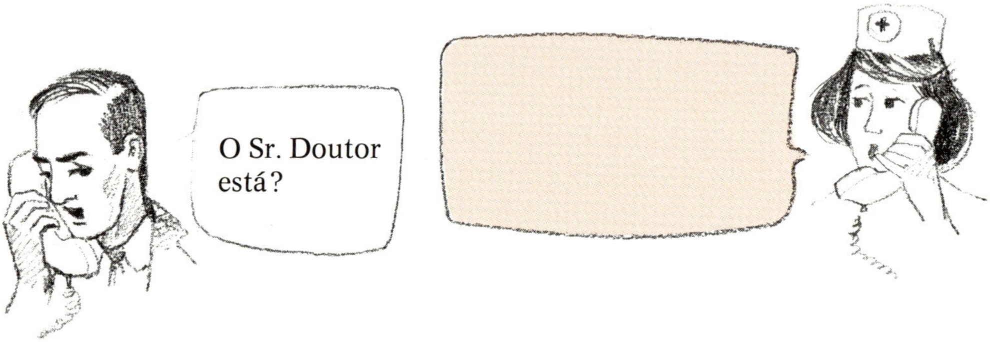
O Sr. Doutor está?

Onde estão as crianças?

Os Srs. consegui-ram bilhetes para o avião?

Actividade 3 Aposto que eles não se conhecem

Olhe o seguinte desenho. Como continua a história? Apresente hipóteses usando expressões como *aposto que, vais ver que, queres ver que.*

Actividade 4

Procure a resposta certa.

1. Como achaste o restaurante?	Comprei-as no mercado.
2. Conheces o Rainer?	Eu levo-os.
3. Faz favor, faltam talheres.	Vi-a no concerto.
4. Eles partem amanhã. Quem os leva à estação?	Já a trago.
5. Onde está a ementa?	Sim. Conheci-o no ano passado.
6. Onde compraste as lulas?	Achei-o caro.
7. Onde encontraste a Leonor?	Já os trago.

Actividade 5 — A Fernanda? Sim, conheço-a muito bem.

Use nas respostas os pronomes pessoais *a, o, os, as.*

□ Conheces a Fernanda?
■ Sim, conheço-a muito bem.

Continue...

1.	Conheces a Fernanda?	(sim)
2.	Você convidou os Almeidas para jantar?	(sim)
3.	O Jorge reservou o nosso quarto?	(sim)
4.	Visitaste ontem a Igreja do Carmo?	(sim)
5.	Fazes os bolinhos hoje?	(não)
6.	Viste o Álvaro?	(não)
7.	Ela ajuda o irmão a fazer compras?	(não)
8.	Entendes as raparigas, quando elas falam depressa?	(não)
9.	Você escreveu a carta em português ou alemão?	(em alemão)
10.	A que horas levaste as crianças para a escola?	(9 horas)
11.	Quando é que o Sr. alugou o apartamento?	(em Agosto)
12.	Como achaste a nossa avó?	(melhor)
13.	Onde comprou os morangos?	(na praça)
14.	Onde encontraste as tuas colegas?	(na rua)

Actividade 6 — Compra-o ou deixa-o?

Nas respostas use os pronomes pessoais *o, a, os, as, lhe, lhes.*

Você vê numa livraria um livro muito discutido. O que faz?

□ Compro-o.
■ Dou-o de presente a um amigo.
○ Vejo-o e deixo-o.
△ Escrevo o nome do autor e leio-o na biblioteca.

Continue...

Você vê numa vitrina um disco da Amália Rodrigues. O que faz?

Encontra na rua uma velha amiga, que não vê há muitos anos. O que faz?

Você recebe um postal de um casal amigo, que o/a convida para passar um fim de semana com eles. O que faz?

2

- □ Olá pá, há quanto tempo que eu não te vejo!
- ■ Sabes lá da minha vida?! Imagina que desde que o meu cunhado chegou, tenho que ajudar na cozinha …
- □ O quê?
- ■ É verdade, pá. Ontem cheguei a casa, a minha mulher estava na cozinha a fazer o jantar com a irmã, e eu sentei-me com o Rainer cá fora a tomar uma cerveja. De repente, ele levanta-se e diz: «Vamos lá pra cozinha ajudá-las a descascar batatas …». Pôs-me uma faca na mão … e pronto. Já viste isto, pá?

Sabes lá da minha vida!

Imagina que tenho que ajudar na cozinha!

O que foi?
O que é que aconteceu?

O quê?
É verdade?

Actividade 7 O que estão a fazer?

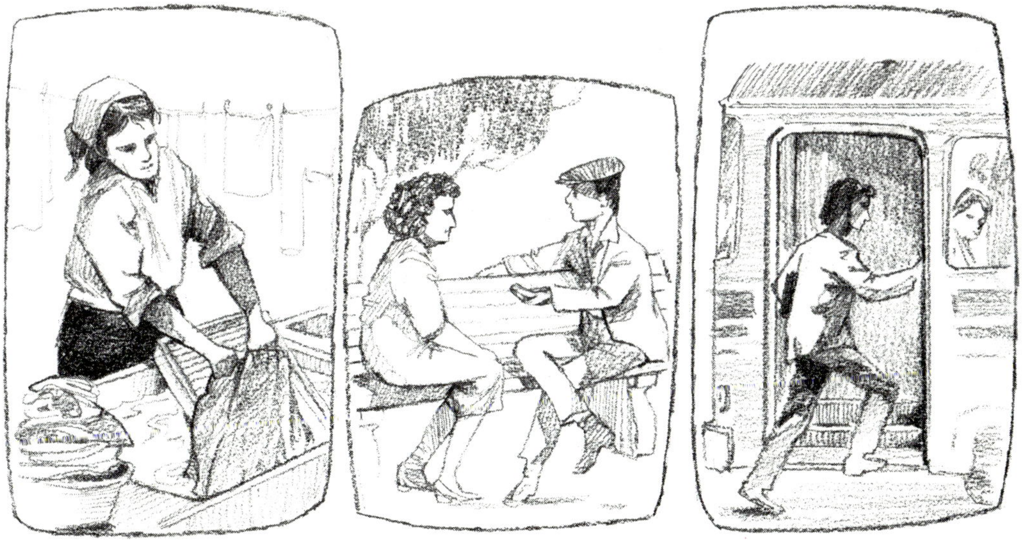

Actividade 8 O que estava a fazer, quando..?

Olhe os desenhos da actividade 7. Faça esta actividade no passado.

□ Quando cheguei a casa, a Maria estava a lavar a roupa.

Continue...

Actividade 9 Rollenspiele

1. **A** ist eine berufstätige Frau und beklagt sich bei **B**, ihrer Freundin, dass sie im Haushalt alles allein erledigen muss.

B ist auch berufstätig. Sie versucht **A** zu trösten und erzählt, wie sie eine gerechte Arbeitsaufteilung erreicht hat.

2. **A** ist Vater von 2 Kindern. Er befindet sich mit seinem Freund **B** in einer Kneipe und erzählt, wie stressig sein Leben geworden ist, seit seine Frau arbeitet. Er ist dagegen, dass eine Frau mit Kindern arbeitet.

B ist Freund und Arbeitskollege von **A**. Er ist auch verheiratet und hat ein Kind. Er zeigt Verständnis für die Situation seines Freundes, ist aber entschieden für die Berufstätigkeit der Frau.

3. **A** ist eine verheiratete Frau mit Kind, die gerne arbeiten möchte und versucht **B**, einen Bekannten, zu überzeugen, warum das so wichtig für sie ist.

B der Bekannte von **A**, verheiratet und Vater von 2 Kindern, akzeptiert die Argumente von **A**. Er teilt ihr aber die Schwierigkeiten mit, die die Berufstätigkeit der Frau mit sich bringt.

Actividade 10

Em vez do nome, use o pronome pessoal.

Ex.: Já posso chamar o táxi? Já posso chamá-lo?

1. Quando se pode visitar o museu?
2. Eles não vão achar o caminho.
3. Sr. Costa, eu posso levar o Sr. até lá.
4. Vocês querem provar as uvas?
5. Pode reservar os bilhetes até às 9?
6. Quando posso ver a casa?
7. Já pode trazer a conta.
8. A Sra. quer fazer a excursão connosco?
9. Vamos ver os nossos amigos hoje?
10. Muito prazer em conhecer a senhora.
11. Onde posso pôr as malas?
12. Desculpe, não ouço nada, tenho que interromper a chamada.

Actividade 11

Complete.

Ao telefone.

Júlio: Está lá? Bom dia.

Maria: Queria ______ perguntar uma coisa. O Sr. ...

Júlio: Desculpe interromper ______ mas a ligação está péssima.
Não consigo ouvir ______ . A senhora pode ______ dar o seu número de telefone, eu telefono ______ já.

Maria: Com certeza!

Amélia fala com a dona do quarto.

Amélia: Onde posso dar a minha roupa para lavar?

Rosa: Nós podemos lavar ______ aqui na pensão.
Ou, se quiser, pode dar ______ para lavar na lavandaria.

Amélia: Quanto custa lavar aqui na pensão?

3

□ Onde é que tu andas, que a gente nunca te encontra, quando precisa de ti?
■ É assim tão difícil falar comigo? Eu venho todos os dias para casa.
□ Às 3 da manhã...
■ E daí? Eu estou de férias ou não estou?
□ De férias estás tu todo o ano. Eu só te vejo entrando, saindo, vendo televisão, jogando à bola, namorando...
■ E o que é que o pai fazia, quando era da minha idade?
□ Na tua idade eu já trabalhava. E sabes como eu passava as minhas férias? Na oficina, a ajudar o teu avô.
■ Já entendi. Quando é que o pai precisa de mim?
□ Amanhã de tarde.
■ Pai, amanhã é impossível. Vou a Elvas ver o Benfica jogar.
■ E desde quando é que o Benfica-Elvas é um jogo importante?
■ Claro que é!

Onde é que	andas?
	anda a Clara?

E o pai o que fazia na minha idade?

É assim tão difícil	encontrar-me?
	encontrá-la?

Eu já trabalhava...

Actividade 12 Como se passava o tempo?

Como é que o Zé António passava o tempo quando tinha 17 anos?
Procure uma frase para cada desenho.

UNIDADE **11**

E agora procure saber o que é que o seu colega fazia com 17 anos.
As suas perguntas só podem ser respondidas com *sim* ou *não.*

□ Tu dançavas muito, quando tinhas 17 anos? *ou*:
Você dançava muito...?

Actividade 13 Condições de trabalho

Como eram as condições de trabalho no século passado?
Procure contar como era, com a ajuda das frases seguintes.

Trabalhar 6 dias por semana.
Trabalhar mais que 8 horas por dia.
Ganhar muito menos que hoje.
Não ter seguro social.
Não ter férias pagas.

Actividade 14 As nossas avós – ontem e hoje

	Dantes	Hoje
Como é que as nossas avós lavavam roupa?	...	...
Qual era o seu papel na cozinha?	...	...
Como passavam a noite depois do jantar?	...	...
Trabalhavam fora?	...	...
Faziam férias?	...	...
Como viajavam?	...	...
Qual era o seu papel como avó?	...	...

Actividade 15 Compreensão auditiva

Ouça uma vez a seguinte entrevista.

Discuta em grupo: Onde se passa esta entrevista?
Quem fala e sobre o que fala?

T1

O Fado é antigo mas não antiquado.
O Fado é triste, mas não é infeliz.
O Fado é escuro, mas não é cinzento.
O cinzento é o meio tom, o Fado fala de sentimentos. Os sentimentos nunca são de meio tom. Eis o tom do fado.
É de Portugal, é de Lisboa.

Para todos os portugueses e não só, Amália Rodrigues ainda é a grande senhora do fado, a grande referência, e assim será para a posteridade.
A cantora morreu em Outubro de 1999.

Mas o Fado está a mudar. Uma nova geração de excelentes intérpretes surgiu na década de 90, renovando o Fado e tornando-o mais ligeiro e harmonioso e recorrendo, não raras vezes, a instrumentos outrora impensáveis no Fado original.

É o caso de Camané, uma das certezas da nova geração: ao fado tradicional, o cantor introduziu a modernidade, com o som do contra-baixo. Uma das vozes mais adultas mas também mais eruditas do novo fado é Mísia. Mísia bebeu nas raízes do fado – a saudade – e juntou-lhe as palavras de grande escritores da língua portuguesa, como José Saramago, Lobo Antunes, Agustina Bessa-Luís e Lídia Jorge, entre outros.

Adaptado de «Lisboa step by step», Inverno 2000.

Misia

Festival das Músicas e dos Portos

Em cada ano, o Fado, uma música nascida do intercâmbio de gentes e culturas nos bairros vizinhos do porto de Lisboa, convida uma outra música também ligada a uma cidade portuária. E aí está aquela que é provavelmente a cidade portuária mais musical do mundo: New Orleans. Com ela vêm todas as músicas que o Delta do Mississipi viu nascer: os blues, o cajun, o ragtime, o jazz.
Entre o blues e o fado há semelhanças, sobretudo ao nível dos sentimentos: o fado fala de saudade e de amores funestos, de almas incompreendidas e de desavenças: o blues não se distancia, antes pelo contrário.
Os sons são quentes e os lamentos profundos. Ambos são na origem uma lamentação.

Após a abolição da escravatura, milhares de escravos libertados encheram New Orleans, aí nascendo novas formas musicais afro-americanas.
Aqui encontramos, pois, mais uma semelhança com a cultura portuguesa.*

** Em Portugal os escravos libertados ficaram a viver em Alfama onde se pensa que nasceu o fado.*

Adaptado de «Lisboa step by step», Inverno 2000.

Actividade 15 Compreensão de leitura

Leia o texto da pág. 156 duas vezes. Anote as informações que são interessantes para si, sobre:
- o fado
- Amália Rodrigues
- a nova geração de fadistas.

Em grupos, troquem as informações que colheram.

Actividade 16

Leiam o texto da página 157 duas vezes e respondam às seguintes perguntas:
1. Onde nasceu o fado?
2. Porque é que Lisboa convidou New Orleans para o seu Festival de Música anual?
3. O que há de comum entre o blues e o fado?

Actividade 17 Como é no seu país?

1. Há uma música típica de todo o país? De uma região? De uma cidade portuária?
2. Que tipo de música gosta de ouvir?
3. Você pessoalmente gosta de cantar? Quando canta? E o que canta?

T2 O ambiente do fado

Uma noite nas diversas casas de fado de Lisboa pode ser um momento único: com um caldo verde à frente, um belo chouriço assado e um naco de broa de milho, sempre regados com um bom vinho tinto da casa. A sala está escura, levemente bruxeleada pela luz das velas, as mesas cheias. O silêncio é imprescindível. Está montado o ambiente:

«Silêncio, que se vai cantar o fado».

Extraído de «Lisboa step by step», Inverno 2000

UNIDADE **11**

T3 **Tudo isto é fado**
Aníbal Nazaré-F. Carvalho

Perguntaste-me outro dia
se eu sabia o que era o fado
eu disse que não sabia
tu ficaste admirado
Sem saber o que dizia
eu menti naquela hora
e disse que não sabia
mas vou-to dizer agora

Almas vencidas
noites perdidas
sombras bizarras
na mouraria
canta um rufia
choram guitarras
amor ciúme
cinzas e lume
dor e pecado
tudo isto existe
tudo isto é triste
tudo isto é fado

Se queres ser o meu senhor
e teres-me sempre ao teu lado
não me fales só de amor
fala-me também do fado
Que o fado que é meu castigo
só nasceu pra me perder
o fado é tudo o que eu digo
mais o que eu não sei dizer.

Anhang

Grammatik
Grammatiktabellen
Lektionswortschatz
Alphabetischer Wortschatz

UNIDADE 1

1. Die Verben *chamar-se, ser, estar* – Präsens Singular

chamar-se				
Aussagesatz/Intonationsfrage				Fragesatz
(Eu)	cham**o**	-me	Paula.	
(Tu)	cham**as**	-te	João?	Como **te** chamas?
(Ele)	cham**a**	-se	Manuel.	
(Ela)			Ada.	Como **se** chama ela?
O senhor			Paulo Nunes.	Como **se** chama o senhor?
A senhora			Clara Nunes.	Como **se** chama a senhora?

Im Aussagesatz und in der Intonationsfrage kommen *me, te, se* nach dem Verb: *Chamo-***me** *Paula.*

Im Fragesatz stehen diese Pronomina davor: *Como* **te** *chamas?*

ser		
(Eu)	**sou**	a Ana.
(Tu)	**és**	o Roberto?
(Ele)	**é**	o Paulo.
(Ela)		a Sónia.
O senhor		o Sr. Garcia?
A senhora		a Sra. D. Clara?

estar		
(Eu)	**estou**	bem.
Como	**estás?**	
Ele	**está**	mais ou menos.
Ela		mal.

Das Verb wird meistens ohne Personalpronomen *(eu, tu, ele* usw.) gebraucht, z. B.: *Sou a Graça.*

Die Verwendung von *eu, tu, ele,* ... dient in der Regel der Hervorhebung der Person, z. B.: ***Eu*** *chamo-me Paula e* ***tu****?*

2. Das Substantiv und der bestimmte Artikel – Singular

Im Portugiesischen gibt es nur zwei grammatische Geschlechter:

Maskulinum	Femininum
o senhor **o** menino	**a** senhora **a** menina

Substantive, die auf -**a** enden, sind meistens weiblich.
Substantive, die auf -**o** enden, sind meistens männlich.

Abweichend vom Deutschen steht bei Personennamen meist der bestimmte Artikel.

Quem é Esta é Eu sou	**o** **a** **a**	Sr. Silva? Sónia? Sílvia.	Wer ist Ist das Ich bin		Herr Silva? Fräulein Sonja? Sílvia.

3. Die höfliche Anrede

Como está? Como está | o senhor? / a senhora? / a menina?	Wie geht es Ihnen?
Como está, Sílvia?	Sílvia, wie geht es Ihnen?

In der höflichen Anrede einer Einzelperson wird das Verb in der dritten Person Singular verwendet.

Oft fügt man dem Verb, als Ausdruck besonderer Höflichkeit, die Bezeichnungen *o senhor, a senhora, a menina* hinzu.

Möglich ist die höfliche Anrede mit dem Vornamen. Sie ist nicht so formell wie die Anrede mit *o senhor, a senhora, a menina.*

Höfliche Anrede ohne Artikel	**Höfliche Anrede mit Artikel (in der Rückfrage)**	
Bom dia, minha senhora.		
Como está, Sra. D. Paula?	Bem e **a** senhora?	...und Ihnen?
Sr. Silva, como vai?	Óptimo e **a** menina?	...und Ihnen?
Olá Paulo, como está?	Bem e **o** Jorge?	...und Ihnen?

O senhor Silva (= o Sr. Silva): Männer werden mit *senhor* und Familiennamen angeredet.
A senhora D. Paula = (a Sra. D. Paula): Frauen werden mit *senhora Dona* und Vornamen angeredet.

4. Das Demonstrativpronomen – *este/esta (I)*

Maskulinum	**Singular** **Femininum**
Quem é **este?**	Quem **é esta?**
Este é o Paulo.	**Esta** é a Clara.

Este/esta verweisen auf Sachen/Personen in unmittelbarer Nähe des Sprechers.

5. Die Verneinung

O senhor é o Sr. Garcia?	**Não.**
A menina é a Sónia?	Não. **Não** sou.

Não hat zwei Bedeutungen:
1. nein
2. nicht: in diesem Fall steht *não* unmittelbar vor dem konjugierten Verb, z. B.:
   Não sou a Sónia. Ele não é o Cláudio.

6. Das Verb *ir* – Präsens Singular

	ir	
Eu	**vou**	mais ou menos.
E tu Paulo, como	**vais?**	
Bom dia Sr. Nunes,	**vai**	bem?
E a menina, como	**vai**	ela?

UNIDADE 2

7. Örtliche Beziehungen: *de, em*

1.	João é	**de**	Lisboa.	**1.**	João está	**em**	Lisboa.
	Ana é	**de**	Beja.		Ana está	**em**	Beja.
2.	João é	**do**	Porto.	**2.**	João trabalha	**no**	Porto.
	Ana é	**da**	Régua.		João mora	**na**	Régua.

Die Präposition *de* drückt aus, woher jemand/etwas ist.
Die Präposition *em* gibt an, wo sich jemand/etwas befindet.

1. Bei Städte- und Ortsnamen steht normalerweise kein Artikel.
2. In den Ausnahmefällen, in denen ein Ortsnamen mit Artikel gebraucht wird *(o Porto, a Régua)*, ergeben sich folgende Verbindungen:

de + Artikel	**em + Artikel**
de + o = **do**	em + o = **no**
de + a = **da**	em + a = **na**

Auch nach dem Verb „gostar de“ tritt diese Verbindung auf:
*gosto **de** Aveiro, gosto **da** Ana, gosto **do** Paulo.*

8. Verben auf *-ar* – Präsens Singular

	morar		trabalhar	
(Eu)	mor**o**	em Beja.	Trabalh**o**	no Banco.
(Tu)	mor**as**	aqui?	Trabalh**as**	em Lisboa?
(Ele, ela) O Sr./a Sra. Você	mor**a**	no Porto.	Trabalh**a**	como professor.

Você ist eine zusätzliche Anredeform für „Sie", außer den bereits bekannten Höflichkeitsformen *o Sr./a Sra.* .
Você ist aber nicht so förmlich wie *o Sr./a Sra.* und nicht so vertraut wie *tu.*

9. Das Verb *fazer* – Präsens Singular

(Eu)		**faço**	o café.
Mário,	o que	**fazes**	aqui?
(Ele, ela) O Sr./a Sra., Você,	o que	**faz**	no Porto?

10. Fragen mit Fragewort

Quem	fala português?	Quem	é que	fala português?
O que	fazes aqui?	O que	é que	fazes aqui?
Como	está a Joana?	Como	é que	está a Joana?
Onde	trabalha?	Onde	é que	trabalha?
Donde	é o Mário?	Donde	é que	é o Mário?
Porque	aprendes inglês?	Porque	é que	aprendes inglês?

Die durch ein Fragewort eingeleitete Frage wird, vor allem in der Umgangssprache, oft durch den Zusatz *é que* verstärkt.

Beachten Sie:
Porque hat zwei Bedeutungen: *warum* und *weil.*
– *Porque* aprende inglês?
– *Porquê? Porque* trabalho em Londres.
Porque bekommt einen Akzent, wenn das Wort allein oder am Ende eines Satzes steht.

11. *Estar a* + Infinitiv

Estou a falar	com ela.	Ich spreche gerade mit ihr.
Estás a aprender	português?	Lernst du (zur Zeit)...?
Está a trabalhar	como professor.	Er arbeitet (zur Zeit)...

Mit der Konstruktion *estar a + Infinitiv* kann im Portugiesischen präzisiert werden, ob eine Handlung gerade, bzw. zur Zeit stattfindet. Im Deutschen gibt es dafür keine direkte Entsprechung.

Hinweis: Das Brasilianische bevorzugt die Form: *estou falando; está aprendendo; está trabalhando.*

12. Adjektive – Singular

	Maskulinum			**Femininum**		
1.	O Paulo	é	brasileir**o.**	A Manuela	é	brasileir**a.**
	O Franco	é	italian**o.**	A Carla	é	italian**a.**
	O John	é	american**o.**	A Rosy	é	american**a.**
	O Pierre	é	suíç**o.**	A Marianne	é	suíç**a.**
2.	O Pablo	é	espanh**ol.**	A Rosário	é	espanh**ola.**
	O António	é	portugu**ês.**	A Inês	é	portugu**esa.**
	O Marc	é	franc**ês.**	A Juliette	é	franc**esa.**
	O John	é	ingl**ês.**	A Elisabeth	é	ingl**esa.**

Nationalitätsbezeichnungen sind im Portugiesischen Adjektive. Das Adjektiv richtet sich in Geschlecht und Zahl nach dem Substantiv, auf das es sich bezieht.

1. Adjektive, die auf **-o** enden, bilden die weibliche Form auf **-a.**
2. Adjektiven, die auf **-ês, -ol** (in dieser Lektion behandelt), **-or** oder **-uz** enden, wird für die weibliche Form ein **-a** angehängt. Bei der weiblichen Form der Adjektive auf **-ês** entfällt der Akzent *(francês/francesa).*

Beachten Sie:

O Klaus é *alemão.*	O Klaus é um **bom** professor.
A Monika é alemã.	A Monika é uma **boa** professora.

UNIDADE 3

13. Verben auf *-ar, -er, -ir* – Präsens

	tomar		**beber**		**preferir**	
Eu	tom**o**	um café.	Beb**o**	uma coca.	Prefir**o**	água.
Tu	tom**as**	uma bica?	Beb**es**	um café	Prefer**es**	chá?
Ele/ela Você	tom**a**	uma cerveja?	Beb**e**	um chá?	Prefer**e**	martini?
Nós	tom**amos**	um leite.	Beb**emos**	uma bica.	Prefer**imos**	café.
(Vós)	(tom**ais**)		(Beb**eis**)		(Prefer**is**)	
Eles/ Elas Vocês	tom**am**	um chá.	Beb**em**	uma água.	Prefer**em**	leite.

Die Anredeform mit *vós* ist veraltet.
Anstelle von *vós* wird in der Umgangssprache die Form *vocês* verwendet. Mit *vocês* werden mehrere Personen angesprochen, es ist sowohl Plural von *você* als auch von *tu*.
Für den Gebrauch von *vocês* gilt die unter Nr. 8 formulierte Regel.

14. Die Präposition *a* mit dem bestimmten Artikel

Vamos	**ao** **ao** **ao**	cinema. teatro. restaurante.	**a + o = ao**
Vamos	**a** **à**	Lisboa. discoteca.	**a** **a + a = à**

15. Der unbestimmte Artikel

Maskulinum			Femininum		
Eu tomo	**um**	café.	Bebe	**uma**	cerveja?
Para mim	**um**	garoto.	Tenho	**uma**	sede…
Eu bebo	**um**	copo de leite.	O João prefere	**uma**	água mineral.

16. Die Grundzahlen (I)

0	zero						
1	um, uma	6	seis	11	onze	16	dezasseis
2	dois, duas	7	sete	12	doze	17	dezassete
3	três	8	oito	13	treze	18	dezoito
4	quatro	9	nove	14	catorze	19	dezanove
5	cinco	10	dez	15	quinze	20	vinte
21	vinte e um	26	vinte e seis	31	trinta e um…	80	oitenta
22	vinte e dois	27	vinte e sete	40	quarenta	90	noventa
23	vinte e três	28	vinte e oito	50	cinquenta		
24	vinte e quatro	29	vinte e nove	60	sessenta		
25	vinte e cinco	30	trinta	70	setenta		

Die Grundzahlen sind maskulin.
Um und *dois* können auch feminin sein:

um	café	**uma**	bica
dois	cafés	**duas**	bicas

Hinweis: Die Zahl 14 wird in Brasilien *quatorze* geschrieben.

17. Das Substantiv: Singular und Plural (I)

Singular		Plural	
um	bagaç**o**	dois	bagaç**os**
um	caf**é**	dois	caf**és**
um	correspondent**e**	dois	correspondent**es**
um	ch**á**	dois	ch**ás**
uma	águ**a**	duas	águ**as**
uma	cervej**a**	duas	cervej**as**
uma	alem**ã**	duas	alem**ãs**

Im Allgemeinen bilden maskuline und feminine Substantive den Plural mit **-s**.

um senho**r**	dois senho**res**
um portugu**ês**	dois portugue**ses**
um franc**ês**	dois france**ses**

Substantive, die auf **-r, -s, -z** enden, bilden den Plural mit **-es** (siehe Tab. 6, S. 200). Substantive, die auf **-ês** enden, bilden den Plural mit **-eses,** genau so wie die entsprechenden Adjektive (siehe Nr. 12).

18. Der bestimmte Artikel – Plural

	Singular	Plural
Maskulinum	**o** estrangeiro	**os** estrangeiros
Femininum	**a** bebida	**as** bebidas

19. Die Grundzahlen (II)

100	cem	600	seiscentos, seiscentas
101	cento e um	700	setecentos, setecentas
102	cento e dois,...	800	oitocentos, oitocentas
200	duzentos, duzentas	900	novecentos, novecentas
300	trezentos, trezentas		
400	quatrocentos, quatrocentas	1000	mil
500	quinhentos, quinhentas	3000	três mil

20. Die Verben *ser* und *ter* – Präsens

	ser			**ter**	
	Sou	alemã.		**Tenho**	fome.
	És	técnico?		**Tens**	sede?
Quanto	**é**	um bolo?		**Tem**	torradas?
	Somos	estrangeiros.		**Temos**	bebidas frescas.
(Vós)	**(sois)**			**(Tendes)**	
Duas bicas	**são**	95$00.	O que	**têm**	para comer?

UNIDADE 4

21. Die Verben *poder* und *querer* – Präsens

poder			**querer**	
Pos**so**	telefonar?		Quer**o**	falar com o João.
Pode**s**	ficar aqui.	Onde	quere**s**	ir?
Pod**e**	chamar um taxi?		**Quer**	leite quente?
Pod**emos**	falar com o João?		Quer**emos**	ficar mais 3 dias.
(Pod**eis**)			(Quer**eis**)	
Pod**em**	já comer.	O que	quer**em**?	Apartamento ou casa?

22. Die Uhrzeit

Pode tomar o pequeno almoço	**às 7 horas.**	um
Vamos ao cinema	**às 9 horas.**	um
O pequeno almoço é	**das 7 às 10 horas.**	von… bis

Que horas são?	1.00	**É uma hora.**	9.00	**São**	**nove horas.**
	13.00		9.10		nove **e** dez.
	12.00	**meio-dia.**	9.15		nove **e um quarto.**
	24.00	**meia-noite.**	9.30		nove **e meia.**
	12.30	**meio-dia e meia.**	9.40		dez **menos** vinte.
	24.30	**meia-noite e meia.**	9.45		dez **menos um quarto.**

Um die Minuten ab 40 auszudrücken, wie z. B. 9.40 Uhr stehen zwei Möglichkeiten zur Verfügung: *são dez menos vinte* oder: *(faltam) vinte para as dez.*
In Brasilien verwendet man nur die zweite Möglichkeit.

A que horas começa a trabalhar?	**à**	uma hora	1.00	**às** oito horas	8.00
	ao	meio-dia	12.00	**às** sete e um quarto	7.15
	à	meia-noite	24.00	**às** nove e meia	9.30

23. Die Präposition *de* mit dem bestimmten Artikel

Qual é o indicativo	**de**	Lübeck?	**de**
Qual é o número	**do**	hotel?	**de + o = do**
Qual é o número	**da**	Mariana?	**de + a = da**
Onde estão as chaves	**dos**	quartos?	**de + os = dos**
Qual é o quarto	**das**	crianças?	**de + as = das**

Siehe auch Nr. 7

24. Ländernamen mit den Präpositionen *para, em, de*

Uma chamada	**para o**	Brasil.
O João está	**no**	Brasil.
Qual é o indicativo	**do**	Brasil?
Uma chamada	**para a**	França.
A Ana está	**na**	França.
Qual é o indicativo	**da**	França?
Uma chamada	**para**	Portugal.
A Inês está	**em**	Portugal.
Qual é o indicativo	**de**	Portugal?

Ländernamen werden mit dem Artikel gebraucht und können maskulin oder feminin sein. Ländernamen, die auf **-a** enden, sind weiblich. Ausnahme z. B. *o Canadá.*

Sehr wenige Ländernamen werden *ausnahmsweise* ohne Artikel verwendet, z. B. Portugal, Marrocos, Israel, Angola, Moçambique, Cabo Verde, São Tomé e Príncipe, Macau, Timor.

25. Die Präpositionen *em* mit dem bestimmten Artikel

Onde posso telefonar?	**No**	correio.	**em + o = no**
Onde está o António?	**Na**	pensão.	**em + a = na**
Onde estão as chaves?	**Nos**	quartos.	**em + os = nos**
Há televisão	**nas**	salas?	**em + as = nas**

Siehe auch Nr. 7

26. Adjektive – Plural

Singular	**Plural**
Tem um quarto dupl**o**?	Tem quartos dupl**os**?
Tenho uma sala bonit**a**.	Tenho salas bonit**as**.
O João está content**e**.	Eles estão content**es**.
A sala é grand**e**.	As salas são grand**es**.

Das Adjektiv richtet sich nach dem Substantiv, auf das es sich bezieht.

Die Adjektive auf **-e** haben nur eine Form für das Maskulinum und das Femininum.

27. Das Verb *estar* – Präsens

	Estou	em Faro.		**Estamos**	a almoçar.
Onde	**estás?**			(estais)	
Ele	**está**	a telefonar.	Vocês	**estão**	em férias?

UNIDADE 5

28. Das Verb *saber* – Präsens

Eu	**sei**	onde fica a casa.
Onde é o correio,	**sabes?**	
Onde há uma farmácia,	**sabe?**	
Nós	**sabemos**	quem é ele.
	(sabeis)	
Eles	**sabem**	alguma coisa de português.

29. Die Ordnungszahlen

1.º	primeiro, -a	5.º	quinto, -a	9.º	nono, -a
2.º	segundo, -a	6.º	sexto, -a	10.º	décimo, -a
3.º	terceiro, -a	7.º	sétimo, -a	11.º	décimo primeiro
4.º	quarto, -a	8.º	oitavo, -a		...

30. Ort und Richtung

O correio não é	**longe.**	**longe**	**do**	centro.
A cabine é	**perto.**	**perto**	**da**	estação.
É na segunda rua	**à direita.**	**à direita**	**do**	cinema.
Fica na 3ª rua	**à esquerda.**	**à esquerda**	**dos**	correios.
O Turismo é	**aqui ao lado.**	**ao lado**	**das**	cabines.
A paragem é	**ali em frente.**	**em frente**	**do**	teatro.
O Sr. vai a pé		**até**	**ao**	Largo.

31. Die Präpositionen *para, a* und *por*

Qual é o autocarro **para** o centro?	**Para** o centro é o 24.	zum
Para onde vais?	Vou **para** casa/Lisboa.	nach
Aonde vais?	Vou **a** casa.	nach

Para und *a* drücken eine Zielrichtung aus und stehen meistens nach Verben der Bewegung.

Beachten Sie:
Vou para casa: Ich gehe nach Hause und bleibe für längere Zeit dort.
Vou a casa: Ich gehe kurz nach Hause.

A Sra. vai	**por**	esta rua.	**por**
Você passa	**pelo**	parque.	**por + o = pelo**
O senhor passa	**pela**	praça.	**por + a = pela**

Por in Verbindung mit den Verben *ir, passar* bedeutet vorbeigehen, durchgehen und darf nicht verwechselt werden mit *para.*

32. Das Verb *haver* – Präsens

Desculpe,	**há** um restaurante aqui perto?
	Há autocarros para o centro?

In der Bedeutung von „vorhanden sein, existieren" wird *haver* nur in der 3. Person Singular verwendet.
Nach *há* kann ein Substantiv sowohl im Singular als auch im Plural stehen.

33. Infinitivsätze

1.

	Queria descer	na 2ª paragem.
A Mariana	**prefere ficar**	em casa.

2.

Onde	**tenho que descer**	?
Não	**gosto de andar**	a pé.

Es gibt Verben, die
1. den Infinitiv direkt anschließen, z. B. *querer, preferir, desejar,*
2. den Infinitiv mit einer Präposition anschließen, z. B. *ter, gostar.*

34. Das Verb *ir* – Präsens

	Vou	com a Mariana ao teatro.
Para onde	**vais**	hoje à noite?
Ana	**vai**	a pé até à praia.
	Vamos	aos correios.
	(ides)	
	Vão	já para casa?

ir (gehen/fahren) wird in Verbindung mit einem Ziel verwendet.
andar (gehen/laufen) verwendet man, wenn kein Ziel genannt ist.

UNIDADE 6

35. Die Verben *vir* und *fazer* – Präsens

vir			fazer		
	Venho	do trabalho.		**Faço**	o jantar.
Donde	**vens**	?		**Fazes**	o arroz?
Quem	**vem**	hoje à noite?	Não	**faz**	mal.
	Vimos	da Alemanha.		**Fazemos**	tudo bem.
	(vindes)			(fazeis)	
Eles	**vêm**	do café.	Elas	**fazem**	as compras.

36. Nahe Zukunft = *ir* + Infinitiv

	Vou	comprar	carne e verduras.
O que	**vais**	fazer?	
Você	**vai**	jantar	no restaurante?
Nós	**vamos**	fazer	compras no mercado.
Sabes que os tios	**vão**	vir	hoje a noite?

Aber: *Vou* ao restaurante hoje à noite.

37. Die unbestimmten Mengenangaben

É preciso comprar	muito	vinho.
Temos ainda	muita	fruta.
A sopa tem	pouco	sal.
Compra	pouca	fruta.
Dê-me	**um** pouco **de**	presunto.

38. Die bestimmten Mengenangaben

meio quilo	=	**1/2 kg**	**de**	lombo
duzentas gramas	=	**200 gr**	**de**	manteiga
um litro	=	**1 l**	**de**	azeite
		5 fatias	**de**	presunto
		2 latas	**de**	óleo
		1 pacote	**de**	açúcar

Beachten Sie: Dem deutschen „ein Pfund" entspricht *meio quilo* ohne Artikel.

39. Substantive – Plural (II)

Singular	**Plural**	
o **pão** o alem**ão**	os **pães** os alem**ães**	**ão – ães**
o mel**ão**	os mel**ões**	**ão – ões**

Eine kleine Zahl von Wörtern, die auf **-ão** enden, bildet den Plural auf **-ães.**
Die häufigste Form des Plurals ist aber **-ões.**

40. Adjektive – absoluter Superlativ

O presunto é	car**íssimo**	=	muito caro.
A carne de bife é	tenr**íssima**	=	muito tenra.
Os legumes estão	fresqu**íssimos**	=	muito frescos.
As fatias de fiambre são	fin**íssimas**	=	muito finas.

41. Die Demonstrativpronomen – *este, esse, aquele* (II)

Singular		
este (der hier)	**esse** (der da)	**aquele** (der dort)
Este queijo é da serra. **Esta** carne é de vaca.	**Esse** é flamengo. **Essa** é de porco.	**Aquele** é camembert. **Aquela** é de vitela.

Plural		
Estes bolos são de arroz? **Estas** bebidas são aperitivos.	Não, **esses** são de creme. **Essas** são refrigerantes.	**Aqueles** são de arroz. **Aquelas** são licores.
bezeichnet Sachen/Personen in der Nähe des Sprechenden.	bezeichnet Sachen/Personen in der Nähe des Angesprochenen.	bezeichnet Sachen/Personen, die von den Sprechenden und Angesprochenen entfernt sind.

Este, esse, aquele können allein stehen oder in Begleitung eines Substantivs. In beiden Fällen richtet sich das Demonstrativpronomen in Geschlecht und in Zahl nach dem Bezugswort.

Unveränderlich		
isto (das hier)	**isso** (das da)	**aquilo** (das dort)
O que é **isto?**	**Isso** é um prato típico português.	E **aquilo,** o que é? É uma sopa do Norte.
bezeichnet Sachen in der Nähe des Sprechenden.	bezeichnet Sachen in der Nähe des Angesprochenen.	bezeichnet Sachen, die von den Sprechenden und Angesprochenen entfernt sind.

UNIDADE 7

42. Das reflexive Verb – Präsens

levantar-se						
levanto	**-me**	Não	**me**	levanto	sempre às 7.
levantas	**-te**	Com quem	**te**	entretens,	João?
levanta	**-se**	Como	**se**	chama	esta senhora?
levantamo	**-nos**	Nós sempre	**nos**	sentamos	para almoçar.
(levantai	**-vos**)				
levantam	**-se**	As crianças já	**se**	lavam	sozinhas.

Die Personalpronomen stehen unmittelbar nach dem Verb und sind mit diesem durch Bindestrich verbunden.

Nach einem Fragewort, der Verneinung und nach *já, também, ainda, que, até, quase, sempre,* etc. stehen die Personalpronomen vor dem Verb und ohne Bindestrich.

43. Verben auf *-ar-, -er, -ir* – pretérito perfeito simples

Das *pretérito perfeito simples* ist eine Zeitform der Vergangenheit.

encontrar	**ler**	**sair**
encontr**ei**	**li**	sa**í**
encontr**aste**	**leste**	sa**íste**
encontr**ou**	**leu**	sa**iu**
encontr**ámos**	**lemos**	sa**ímos**
(encontrastes)	(lestes)	(saístes)
encontr**aram**	**leram**	sa**íram**

Für das Präsens der Verben *ler* und *sair* siehe die Konjugationstabelle S. 203 und 206.

Beachten Sie: ficar – fiquei, ficaste, …

Eu **conheci** o meu marido em 1975. Quando **te levantaste** hoje? O que é que **aconteceu** em Portugal em 1974? Nós **partimos** de Hamburgo às 10 horas. Os meus filhos **comeram** fora ontem.	ich habe kennen gelernt bist du aufgestanden? was ist geschehen? wir sind abgefahren sie haben gegessen

Der Gebrauch des *preterito perfeito simples* entspricht dem des deutschen Perfekts.

44. Die Verben *fazer, ir, estar, ser* – pretérito perfeito simples

fazer	**ir**	**estar**	**ser**
fiz	**fui**	**estive**	**fui**
fizeste	**foste**	**estiveste**	**foste**
fez	**foi**	**esteve**	**foi**
fizemos	**fomos**	**estivemos**	**fomos**
(fizestes)	(fostes)	(estivestes)	(fostes)
fizeram	**foram**	**estiveram**	**foram**

45. Die Possessivpronomen

1. Erste und zweite Person

Maskulinum			**Singular**		**Femininum**
Saí com	**o meu**	marido.	Visitei	**a minha**	filha.
Maria, onde está	**o teu**	jornal?	Mário, onde está	**a tua**	chave?
Ele falou com	**o nosso**	amigo.	Você conhece	**a nossa**	cozinha?
Quantos anos tem	**o vosso**	filho?	Queria conhecer	**a vossa**	terra.

Maskulinum	Plural	Femininum
os meus os teus os nossos os vossos		as minhas as tuas as nossas as vossas

2. Dritte Person – Der „Besitzer" ist der Angeredete

Maskulinum	Singular/Plural	Femininum
Sr. Silva, como é **o seu** carro? Sr. Nunes, **os seus** pais já chegaram?		Maria, como está **a sua** filha? Berta, como passou **as suas** férias?

Das Possessivpronomen richtet sich in Geschlecht und Zahl nach seinem Bezugswort. Im Gegensatz zum Deutschen wird es gewöhnlich vom bestimmten Artikel begleitet.

Die Formen *o seu, a sua, os seus, as suas* werden im Allgemeinen gebraucht, wenn der Besitzer mit „Sie" angeredet wird.

Beachten Sie: Das Possessivpronomen der dritten Person findet im Portugiesischen seltener Anwendung als im Deutschen, vor allem bei Familienmitgliedern:

ele saiu com a mulher
ela ficou com o marido em casa
eles levam os filhos à escola

3. Dritte Person – Der „Besitzer" ist nicht der Angeredete

Maskulinum	Singular/Plural	Femininum
Como é o carro **dele ?** Já chegaram os pais **deles.**		Como está a filha **dela?** Como foram as férias **delas?**

UNIDADE 8

46. Das Verb *poder* – imperfeito

Eu	pod**ia**	fazer pastéis de bacalhau.
Rui,	pod**ias**	ir ao festival de jazz.
Você	pod**ia**	-me fazer um favor.
Nós	pod**íamos**	ir de comboio.
Vós	(pod**íeis**)	vir nos visitar.
Vocês/eles	pod**iam**	levar a Clara ao aeroporto.

Das Verb *poder* im Imperfekt drückt einen Vorschlag aus und wird sehr oft anstatt des Konditional gebraucht.

47. Die Personalpronomen *me, te, nos, vos*

Levas-**me**	ao hotel?	mich
Vejo-**te**	no sábado.	dich
A Rosalinda convidou-**nos**	para amanhã.	uns
O Victor encontrou-**vos**	na estação?	euch

Dê-**me**	a sua chave!	mir
Eu dou-**te**	o número dele.	dir
Ele escreveu-**nos**	uma carta.	uns
Dou-**vos**	as chaves.	euch

Die Personalpronomen können unmittelbar nach oder vor dem Verb stehen (siehe Nr. 42).

48. Das Relativpronomen *que*

1. Ohne Präposition

Sachen und Personen			
Tenho um amigo	**que**	faz 40 anos.	der
O filme	**que**	eu vi é muito divertido.	den
A rapariga	**que**	conheceste ontem é simpática.	das
Os programas	**que**	vimos são bons.	die

2. Mit Präposition

Nur für Sachen			
Eu já vi o filme	**de que**	estás a falar.	von dem
Ele chegou no dia	**em que**	fiz anos.	an dem
Os materiais	**com que**	trabalho são bons.	mit denen

Que ist das am häufigsten gebrauchte portugiesische Relativpronomen. Es ist unveränderlich und kann sich auf Personen und Sachen (1.) beziehen. Es wird auch mit Präposition verwendet (2.), wenn das Bezugswort eine Sache ist.

49. Das Relativpronomen *quem*

1. Mit Präposition

Nur für Personen			
Este é o rapaz	**a quem**	dei as chaves.	dem
A colega	**com quem**	trabalho é rápida.	mit der
A rapariga	**de quem**	falas é minha aluna.	von der

Quem ist unveränderlich und kann sich nur auf Personen beziehen.
Es wird normalerweise mit einer Präposition verwendet.

2. *Quem* ohne Bezugswort

	Quem	tem boca, vai a Roma.	wer
	Quem	chega tarde, já não tem lugar.	wer
Convida só	**quem**	está na lista.	diejenigen, die

Quem muss verwendet werden, wenn ein Bezugswort fehlt. Es entspricht dem deutschen „wer“, „wen“, „derjenige, der“.
Oft findet man *quem* in Sprichwörtern und Verallgemeinerungen.

50. Die Verben *ver, dizer* und *dar* – Präsens

	ver			**dizer**	
	Vejo	-te sempre a trabalhar.		**Digo**	a frase em português?
	Vês	o Paulo amanhã?		**Dizes**	quando vens?
Ele	**vê**	a Maria todos os dias.	Ele	**diz**	tudo para ela.
	Vemos	muitos filmes alemães.		**Dizemos**	sempre a mesma coisa.
	(vedes)			(dizeis)	
Vocês	**vêem**	muito televisão?	Não	**dizem**	quando começa o filme?

	dar	
	Dou	-vos um ou dois quilos de batatas?
Victor,	**dás**	-me o teu número de telefone?
Sr. Garcia,	**dá**	-me o seu passaporte, faz favor?
O que	**damos**	a Maria para o seu aniversário?
	(dais)	
Quando eles te	**dão**	o bilhete?

51. Die Verben *ver, dizer, dar* und *haver* – preterito perfeito simples

ver	dizer	dar	haver
vi **viste** **viu** **vimos** (vistes) **viram**	**disse** **disseste** **disse** **dissemos** (dissestes) **disseram**	**dei** **deste** **deu** **demos** (destes) **deram**	**houve**

52. *A gente* = *nós*

A gente vai ao cinema hoje.	*Wir* gehen…
Ele viu **a gente** passar.	Er hat *uns* gesehen.
O Zé gosta **da gente.**	Zé mag *uns* gerne.
Não falas com **a gente?**	Sprichst du nicht mit *uns?*

Statt *nós* wird in der Umgangssprache sehr oft *a gente* mit der dritten Person Singular verwendet.

UNIDADE 9

53. Adjektive – Steigerung

Komparativ

O Alfa é	**mais**	rápido (do)	**que**	o IC.	schneller als…
Ciombra é	**tão**	bela	**como**	Viana.	genauso schön wie
A tua rua é	**menos**	barulhenta	**que**	a minha.	weniger laut als
A minha é	**a mais**	barulhenta	**de**	todas.	die lauteste

Beachten Sie: O expresso é mais rápido *do que* pensas. Vor einem Verb kann nur die Form *do que* gebraucht werden.

Besonderheiten

Adjektiv	Komparativ
bom	**melhor**
grande	**maior**
pequeno	**menor**
	mais pequeno
mau	**pior**

Absoluter Superlativ
óptimo/muito bom
máximo/muito grande
mínimo/muito pequeno
pequeníssimo
péssimo/muito mau

Absoluter Superlativ: s. auch Nr. 40

54. Imperfeito als Äußerung von Wünschen – *gostar, querer, preferir*

O que fazes no Natal?	Eu **gostava** tanto de visitar a minha filha...
Sabes se ela está em casa no fim de semana?	Acho que não. Ela **queria** muito visitar a mãe.
Já sabes onde vais morar?	Ainda não, mas eu **preferia** morar perto da Universidade.

In der Umgangssprache ersetzt das Imperfekt sehr häufig den Konditional.
z. B.: Eu *gostava* (statt *gostaria*) de conhecer este rapaz.
Ich würde gern diesen jungen Mann kennen lernen.

gostar	querer	preferir
gost**ava**	quer**ia**	prefer**ia**
gost**avas**	quer**ias**	prefer**ias**
gost**ava**	quer**ia**	prefer**ia**
gost**ávamos**	quer**íamos**	prefer**íamos**
(gostáveis)	(queríeis)	(preferíeis)
gost**avam**	quer**iam**	prefer**iam**

55. Substantiv und Adjektiv – Plural (III)

Singular	**-m**	**Plural**	**-ns**
o jove**m** a viage**m** o home**m**		os jove**ns** as viage**ns** os home**ns**	
bo**m**		bo**ns**	

Singular	**-ão**	**Plural**	**-ões**
o cart**ão** o avi**ão** a excurs**ão** a informaç**ão**		os cart**ões** os avi**ões** as excurs**ões** as informaç**ões**	

Singular	**-l**	**Plural**	**-is**
comerci**al** confortáv**el** difíc**il** espanh**ol**	**-al** **-el** **-il** **-ol**	comerci**ais** confortáv**eis** difíc**eis** espanh**óis**	**-ais** **-eis** **-eis** **-ois**

56. *ir de... / andar de...*

Como vais à Madeira? Como foste a Portugal? **De comboio?**	**Vou de** avião. Não, **de carro.**
Minha senhora, como vai à cidade?	**Vou a pé.**
Andas muito de carro?	**Não muito.**

57. Die Verben *perder, pedir, ouvir* – Präsens

perder	pedir	ouvir
perco perdes perde perdemos (perdeis) perdem	**peço** pedes pede pedimos (pedis) pedem	**ouço** ouves ouve ouvimos (ouvis) ouvem

UNIDADE 10

58. Zum Ausdruck des Pronomens „man“

1. **Chamaram-lhe** vinho verde. **Dizem** que o voo está atrasado. Que informações te **deram?**	2. Como **se bebe** este vinho? **Bebe-se** novo. **Diz-se** que os preços vão subir.

Für das unpersönliche Subjekt „man“ gibt es im Portugiesischen zwei Ausdrucksmöglichkeiten:
1. durch das Verb in der 3. Person Plural und ohne Subjektpronomen.
2. durch das Pronomen *se*. In diesem Fall steht das Verb meistens in der 3. Person Singular und wird mit *se* durch einen Bindestrich verbunden.

59. Das direkte und indirekte Objekt

Verb	direktes Objekt	indirektes Objekt	
Comi Viste	uma sopa. o Álvaro?		was? wen?
Dei Telefonei	o endereço	**a** muita gente. **a** eles.	wem?

Das direkte Objekt steht unmittelbar nach dem Verb.
Das indirekte Objekt steht normalerweise nach dem direkten Objekt und wird mit der Präposition *a* angeschlossen.

60. Das indirekte Objekt mit *a* + Artikel

Diz	**à**	Luísa que eu cheguei.	Diz	**a**	ela.
Pede	**ao**	empregado a ementa.	Pede	**a**	ele.
Pergunta	**às**	senhoras o que bebem.	Pergunta	**a**	elas.
Telefona	**aos**	teus pais.	Telefona	**a**	eles.

Beachten Sie: Im Unterschied zum Deutschen verlangen einige Verben im Portugiesischen das indirekte Objekt, z. B.:

chamar	*a*	alguém	=	jemanden nennen
pedir	*a*	alguém	=	jemanden bitten
perguntar	*a*	alguém	=	jemanden fragen
telefonar	*a*	alguém	=	jemanden anrufen

61. Das Personalpronomen *lhe, lhes* = indirektes Objektiv (Dativ)

A Ada vai telefonar.	Diz-**lhe** que eu saí.	ihr
Quanto deves ao teu irmão?	Devo-**lhe** 500 euros.	ihm
Eles já chegaram.	Dá-**lhes** o dinheiro.	ihnen

Die Personalpronomen *lhe* und *lhes* können unmittelbar nach oder vor dem Verb stehen (siehe Nummer 42).

62. Verben auf *-ar, -er, -ir* – Partizip Perfekt/particípo passado

Como gostas de bacalhau? Como é a sardinha? Como fazes as lulas?	Ass**ado** no forno. Grelh**ada.** Reche**adas.**	gebraten gegrillt gefüllt	**-ar**
Dê-me o jornal de hoje! O que faço? Cozo ou frito a pescada?	Está tudo vend**ido.** Prefiro coz**ida.**	verkauft gekocht	**-er**
Quer o peixe inteiro?	Não. Part**ido.**	geschnitten	**-ir**

Unregelmäßige Partizipien

fritar	**frito**
escrever	**escrito**
dizer	**dito**
fazer	**feito**
pôr	**posto**
ver	**visto**
vir	**vindo**

Beachten Sie: Das Passiv (Leideform) wird auch mit dem Partizip Perfekt gebildet und mit dem Hilfsverb *ser* konjugiert, z. B.:
O vinho verde *é cultivado* no Noroeste.
A sardinha *é assada* na brasa.

63. Das Verb *trazer* – Präsens

trago
trazes
traz
trazemos
(trazeis)
trazem

64. Die Verben *vir* und *trazer* – pretérito perfeito simples

vir	trazer
vim **vieste** **veio** **viemos** (viestes) **vieram**	**trouxe** **trouxeste** **trouxe** **trouxemos** (trouxestes) **trouxeram**

65. Verben auf *-ar, -er, -ir* – Imperativ

-ar		
Carlos,	telefon**a**	-me hoje à noite!
Faz favor,	lev**e**	-me à estação!
	Pergunt**em**	ao guarda!

-er		**-ir**	
Com**e**	uma pizza, Ana!	Part**e**	amanhã, Luiza!
Escrev**a**	o seu nome!	Abr**a**	a porta, faz favor!
Escolh**am**	um filme divertido!	Sub**am**,	o comboio vai partir!

Verben mit Sonderformen – Imperativ

dar	fazer	dizer	trazer
dá **dê** **dêem**	**faz** **faça** **façam**	**diz** **diga** **digam**	**traz** **traga** **tragam**

UNIDADE 11

66. Verbale Umschreibungen

1. Acabar de + Infinitiv	Vergangenheit Rückblick auf eine Handlung
Sabes quem eu **acabei de** ver? Ele não está, **acabou de** sair. Eles **acabaram de** telefonar.	...*eben* gesehen habe? ...ist *eben* weggegangen. ...haben *eben* telefoniert.

Die Handlung wurde eben vollzogen.

2. Estar a + Infinitiv	Gegenwart/Vergangenheit Verlauf einer Handlung
O que **está** a fazer? **Estou a** lavar roupa **Estão** todos **a** rir-se Ainda **estás a** telefonar?	Was machen Sie *gerade?* Ich wasche *gerade.* Sie lachen *gerade.* Telefonierst du *immer noch?*

Hier wird eine Handlung beschrieben, wie sie gerade verläuft.

Beachten Sie: Für das Brasilianische siehe den Hinweis Unidade 2, Nr. 11.

67. Das Personalpronomen (III) – *-o, -a, -os, -as*

1. Direktes Objekt (Akkusativ)

Onde está o Artur?	Viste	**-o?**	Não o vejo há 3 dias.	ihn
Conheces a Ada?	Vi	**-a**	há anos.	sie
Eles estão atrasados.	Leva	**-os**	à estação.	sie
Onde compraste as maçãs?	Comprei	**-as**	na praça.	sie
Bom dia, eu acho que		**o/a** **os/as**	conheço.	Sie

2. *-o, -a, -os, -as* nach Infinitiv

Pode lavar o carro aqui.	Pode **lavá-lo** aqui.	ihn
Onde posso deixar as chaves?	Onde posso **deixá-las**?	sie
Muito prazer em conhecer o Sr.	Muito prazer em **conhecê-lo.**	Sie
Posso acompanhar as Sras.?	Posso **acompanhá-las?**	Sie

3. *-o, -a, -os, -as* nach „s" und „z"

Compras a fruta na feira?	**Compra-la** na feira?	sie
Traz o pão para aqui.	**Trá-lo** para aqui.	ihn

Wenn die Verbform auf *-r, -s* oder *-z* endet, verwandeln sich *-o, -a, -os, -as* in *-lo, -la, -los, -las* und der Schlusskonsonant des Verbs fällt weg.

Beachten Sie: Wenn die Verbformen auf *-ão, -am, -em* enden, entstehen die Formen *-no, -na, -nos, -nas,* z. B.: Compram a fruta. – *Compram-na.* Eles vendem o vinho barato. – Eles *vendem-no* barato. Eles dão os bilhetes à porta. – Eles *dão-nos* à porta.

68. Das Personalpronomen nach Präposition

Vocês estão a falar	**de mim?**		von mir
Eu quero ajuda	**de ti.**		von dir
Chegou uma carta	**para si.**		für Sie
O bilhete é	**para ele/ela.**		für ihn für sie
Ele passou	**por nós**	e não nos viu.	an uns…
Isso é importante	**para vocês?**		für euch
O que interessa	**a eles/elas**	é desporto.	…sie

69. Personalpronomen nach der Präposition *com*

Vens	comigo	para casa?	mit mir
Posso falar	contigo	hoje?	mit dir
	Consigo		mit Ihnen
	Com ele	está tudo em ordem?	mit ihm
	Com ela		mit ihr
Ele vai jantar	connosco		mit uns
Quero ir	convosco com vocês	ao cinema.	mit euch
	Com eles Com elas	não há problemas.	mit ihnen

70. Verben auf *-ar, -er, -ir* – pretérito imperfeito

tomar	beber	preferir
tom**ava**	beb**ia**	prefer**ia**
tom**avas**	beb**ias**	prefer**ias**
tom**ava**	beb**ia**	prefer**ia**
tom**ávamos**	beb**íamos**	prefer**íamos**
(tomáveis)	(bebíeis)	(preferíeis)
tom**avam**	beb**iam**	prefer**iam**

Beachten Sie: ir – ia, ias, …

71. Gebrauch des pretérito imperfeito

1. Quando eu cheguei a casa, a Célia **estava** na cama.
Eu conheci o Alfredo quando ele **vivia** em Lisboa.
Quando o meu irmão nasceu, eu **era** uma criança.

Hier drückt das *pretérito imperfeito* eine Handlung aus, die noch andauerte, als eine andere eintrat.

2. O que é que tu **fazias** na minha idade?
Na tua idade eu já **trabalhava.**
Dantes não **havia** seguro-social.
Com 17 anos o Jorge **era** muito alegre.
Há 15 anos o meu avô ainda **saía** muito de casa.

Hier wird das *pretérito imperfeito* benutzt, um Gegebenheiten und Zustände in der Vergangenheit zu schildern.

3. Nós **passávamos** as férias sempre na praia.
Quando **era** pequena, **ia** todos os domingos buscar pão.
No Natal a família **reunia-se** no dia 25.

Das *préterito imperfeito* dient hier zur Schilderung von Gewohnheiten in der Vergangenheit.

4. **Gostava de** comprar um livro sobre o Fado.
Queria ver a lista dos vinhos.
Podia me trazer a ementa?

Das *pretérito imperfeito* wird auch gebraucht, um Bitten, Forderungen oder Wünsche auszudrücken.

72. Verben mit Sonderformen – pretérito imperfeito

ser	**ter**	**vir**	**pôr**
era **eras** **era** **éramos** (éreis) **eram**	**tinha** **tinhas** **tinha** **tínhamos** (tínheis) **tinham**	**vinha** **vinhas** **vinha** **vínhamos** (vínheis) **vinham**	**punha** **punhas** **punha** **púnhamos** (púnheis) **punham**

73. Das Verb *pôr* – Präsens und pretérito perfeito simples

ponho **pões** **põe** **pomos** (pondes) **põem**	**pus** **puseste** **pôs** **pusemos** (pusestes) **puseram**

74. Zeitangaben mit *desde* und *há*

desde (seit)	**há** (seit, vor)
Eu não te vejo **desde** o Verão. Ele está aqui **desde** o dia 15. Ela esperou **desde** as 3 horas.	**Há** quanto tempo que eu não te vejo! Ele chegou **há** 15 dias. Ela está aqui **há** 3 horas. Ela está aqui **desde há** 3 horas.

Desde bezeichnet den rückliegenden Anfang einer Zeitspanne.

Wenn der Anfangspunkt nicht erwähnt ist, sondern nur die Zeitspanne, wird die Verbform **há** (von *haver*) verwendet. Zur Verstärkung wird auch **desde há** gebraucht.

GRAMMATIKTABELLEN

1. Der bestimmte Artikel

Präposition	**Maskulinum** Singular	Plural	**Femininum** Singular	Plural
	o	os	a	as
a	ao	aos	à	às
de	do	dos	da	das
em	no	nos	na	nas
por	pelo	pelos	pela	pelas

2. Der unbestimmte Artikel

Präposition	**Maskulinum** Singular	Plural	**Femininum** Singular	Plural
	um	uns	uma	umas
de	dum	duns	duma	dumas
em	num	nuns	numa	numas

3. Die Personalpronomen

	ohne Präposition Akkus.	Dativ	Reflex.	**mit Präposition**	**mit der Präposition «com»**
eu	me	me	me	mim	comigo
tu	te	te	te	ti	contigo
ele, ela, você	o, a	lhe	se	ele, ela, si	consigo, com ele/ela
nós	nos	nos	nos	nós	connosco
vós	vos	vos	vos	vós	convosco
eles, elas	os, as	lhes	se	eles, elas, si	consigo, com eles/elas

de + ele = dele	de + ela = dela	de + eles = deles	de + elas = delas
em + ele = nele	em + ela = nela	em + eles = neles	em + elas = nelas

4. Die Demonstrativpronomen

Singular **Maskulinum**	**Femininum**	**Neutrum**	Plural **Maskulinum**	**Femininum**
este	esta	isto	estes	estas
esse	essa	isso	esses	essas
aquele	aquela	aquilo	aqueles	aquelas

Präposition	Singular **Maskulinum**	**Femininum**	**Neutrum**	Plural **Maskulinum**	**Femininum**
a	àquele	àquela	àquilo	àqueles	àquelas
de	deste	desta	disto	destes	destas
	desse	dessa	disso	desses	dessas
	daquele	daquela	daquilo	daqueles	daquelas
em	neste	nesta	nisto	nestes	nestas
	nesse	nessa	nisso	nesses	nessas
	naquele	naquela	naquilo	naqueles	naquelas

5. Die Possessivpronomen

Singular **Maskulinum**	**Femininum**	Plural **Maskulinum**	**Femininum**
o meu	a minha	os meus	as minhas
o teu	a tua	os teus	as tuas
o seu	a sua	os seus	as suas
o nosso	a nossa	os nossos	as nossas
o vosso	a vossa	os vossos	as vossas
o seu	a sua	os seus	as suas

6. Die Fragewörter

Präposition	Singular **Maskulinum**	**Femininum**	Plural **Maskulinum**	**Femininum**	**Unveränderlich**
a, de, para, por, com	qual?	qual?	quais?	quais?	que?
a, de, para, por, com	quanto?	quanta?	quantos?	quantas?	quem?
a, de, para, por					onde?
					como?
					porque?
de, para					quando?

7. Pluralbildung

Substantive		Adjektive			
Singular	Plural	Singular		Plural	
		Maskulinum	Femininum	Maskulinum	Femininum
a rapariga	as raparigas	fresco	fresca	frescos	frescas
o menino	os meninos	pequeno	pequena	pequenos	pequenas
o chouriço	os chouriços	grande		grandes	
a cidade	as cidades	europeu	europeia	europeus	europeias
a árvore	as árvores				
o café	os cafés				
a mãe	as mães				
o senhor	os senhores	familiar		familiares	
o gás	os gases	inferior		inferiores	
o rapaz	os rapazes	português	portuguesa	portugueses	portuguesas
a cruz	as cruzes	capaz		capazes	
		simples			
o jardim	os jardins	jovem		jovens	
o jovem	os jovens				
a origem	as origens				
o homem	os homens				
o pinheiral	os pinheirais	individual		individuais	
o ideal	os ideais	natural		naturais	
o canal	os canais	agradável		agradáveis	
o hotel	os hotéis	difícil		difíceis	
o papel	os papéis	fácil		fáceis	
o têxtil	os têxteis	espanhol	espanhola	espanhóis	espanholas
		azul		azuis	
o irmão	os irmãos				
a mão	as mãos				
o pão	os pães				
a televisão	as televisões	alemão	alemã	alemães	alemãs
a canção	as canções				
o garrafão	os garrafões				
a multidão	as multidões				
a condição	as condições				
a ligação	as ligações				

8. Tabelle der regelmäßigen Verben auf -ar, -er und -ir

Infinitivo	Presente	Pret. perfeito	Imperfeito	Futuro próximo		Imperativo	Particípio passado	Gerúndio
falar								
eu	falo	falei	falava	vou		–		
tu	falas	falaste	falavas	vais		fala		
ele, ela, você, a gente	fala	falou	falava	vai	falar	fale	falado	falando
nós	falamos	falámos	falávamos	vamos		falemos		
vós	(falais)	(falastes)	(faláveis)	(ides)		–		
eles, elas, vocês	falam	falaram	falavam	vão		falem		
comer								
eu	como	comi	comia	vou		–		
tu	comes	comeste	comias	vais		come		
ele, ela, você, a gente	come	comeu	comia	vai	comer	coma	comido	comendo
nós	comemos	comemos	comíamos	vamos		comamos		
vós	(comeis)	(comestes)	(comíeis)	(ides)		–		
eles, elas, vocês	comem	comeram	comiam	vão		comam		
partir								
eu	parto	parti	partia	vou		–		
tu	partes	partiste	partias	vais		parte		
ele, ela, você, a gente	parte	partiu	partia	vai	partir	parta	partido	partindo
nós	partimos	partimos	partíamos	vamos		partamos		
vós	(partis)	(partistes)	(partíeis)	(ides)		–		
eles, elas, vocês	partem	partiram	partiam	vão		partam		

9. Tabelle der unregelmäßigen Verben

Infinitivo	Presente	Pret. perfeito	Imperfeito	Futuro próximo		Imperativo	Particípio passado	Gerúndio
conseguir								
eu	consigo	consegui	conseguia	vou		–		
tu	consegues	conseguiste	conseguias	vais		consegue		
ele, ela, você, a gente	consegue	conseguiu	conseguia	vai	conseguir	consiga	conseguido	conseguindo
nós	conseguimos	conseguimos	conseguíamos	vamos		consigamos		
vós	(conseguis)	(conseguistes)	(conseguíeis)	(ides)		(consegui)		
eles, elas, vocês	conseguem	conseguiram	conseguiam	vão		consigam		
dançar								
eu	danço	dancei	dançava	vou		–		
tu	danças	dançaste	dançavas	vais		dança		
ele, ela, você, a gente	dança	dançou	dançava	vai	dançar	dance	dançado	dançando
nós	dançamos	dançámos	dançávamos	vamos		dancemos		
vos	(dançais)	(dançastes)	(dançáveis)	(ides)		(dançai)		
eles, elas, vocês	dançam	dançaram	dançavam	vão		dancem		
dar								
eu	dou	dei	dava	vou		–		
tu	dás	deste	davas	vais		dá		
ele, ela, você, a gente	dá	deu	dava	vai	dar	dê	dado	dando
nós	damos	demos	dávamos	vamos		demos		
vós	(dais)	(destes)	(dáveis)	(ides)		(dai)		
eles, elas, vocês	dão	deram	davam	vão		dêem		
dizer								
eu	digo	disse	dizia	vou		–		
tu	dizes	disseste	dizias	vais		diz		
ele, ela, você, a gente	diz	disse	dizia	vai	dizer	diga	dito	dizendo
nós	dizemos	dissemos	dizíamos	vamos		digamos		
vós	(dizeis)	(dissestes)	(dizíeis)	(ides)		(dizei)		
eles, elas, vocês	dizem	disseram	diziam	vão		digam		
dormir								
eu	durmo	dormi	dormia	vou		–		
tu	dormes	dormiste	dormias	vais		dorme		
ele, ela, você, a gente	dorme	dormiu	dormia	vai	dormir	durma	dormido	dormindo
nós	dormimos	dormimos	dormíamos	vamos		durmamos		
vós	(dormis)	(dormistes)	(dormíeis)	(ides)		(dormei)		
eles, elas, vocês	dormem	dormiram	dormiam	vão		durmam		

descobrir

fabricar
explicar

estar								
eu	estou	estive	estava	vou		–		
tu	estás	estiveste	estavas	vais		está		
ele, ela, você, a gente	está	esteve	estava	vai	estar	esteja	estado	estando
nós	estamos	estivemos	estávamos	vamos		estejamos		
nós	(estais)	(estivestes)	(estáveis)	(ides)		(estai)		
eles, elas, vocês	estão	estiveram	estavam	vão		estejam		
fazer								
eu	faço	fiz	fazia	vou		–		
tu	fazes	fizeste	fazias	vais		faz		
ele, ela, você, a gente	faz	fez	fazia	vai	fazer	faça	feito	fazendo
nós	fazemos	fizemos	fazíamos	vamos		façamos		
vós	(fazeis)	(fizestes)	(fazíeis)	(ides)		(fazei)		
eles, elas, vocês	fazem	fizeram	faziam	vão		façam		
ficar								
eu	fico	fiquei	ficava	vou		–		
tu	ficas	ficaste	ficavas	vais		fica		
ele, ela, você, a gente	fica	ficou	ficava	vai	ficar	fique	ficado	ficando
nós	ficamos	ficámos	ficávamos	vamos		fiquemos		
vós	(ficais)	(ficastes)	(ficáveis)	(ides)		(ficai)		
eles, elas, vocês	ficam	ficaram	ficavam	vão		fiquem		
haver								
eu								
tu								
ele, ela, você, a gente	há	houve	havia	vai	haver	–	havido	havendo
nós								
vós								
eles, elas, vocês								
ir								
eu	vou	fui	ia	vou		–		
tu	vais	foste	ias	vais		vai		
ele, ela, você, a gente	vai	foi	ia	vai	ir	vá	ido	indo
nós	vamos	fomos	íamos	vamos		vamos		
vós	(ides)	(fostes)	(íeis)	(ides)		(ide)		
eles, elas, vocês	vão	foram	iam	vão		vão		
ler								
eu	leio	li	lia	vou		–		
tu	lês	leste	lias	vais		lê		
ele, ela, você, a gente	lê	leu	lia	vai	ler	leia	lido	lendo
nós	lemos	lemos	líamos	vamos		leiamos		
vós	(ledes)	(lestes)	(líeis)	(ides)		(lede)		
eles, elas, vocês	lêem	leram	liam	vão		leiam		

9. Tabelle der unregelmäßigen Verben

Infinitivo	Presente	Pret. perfeito	Imperfeito	Futuro próximo		Imperativo	Particípio passado	Gerúndio
nascer								
eu	nasço	nasci	nascia	vou				
tu	nasces	nasceste	nascias	vais				
ele, ela, você, a gente	nasce	nasceu	nascia	vai	nascer	–	nascido	nascendo
nós	nascemos	nascemos	nascíamos	vamos				
vós	(nasceis)	(nascestes)	(nascíeis)	(ides)				
eles, elas, vocês	nascem	nasceram	nasciam	vão				
ouvir								
eu	ouço/oiço	ouvi	ouvia	vou		–		
tu	ouves	ouviste	ouvias	vais		ouve		
ele, ela, você, a gente	ouve	ouviu	ouvia	vai	ouvir	ouça	ouvido	ouvindo
nós	ouvimos	ouvimos	ouvíamos	vamos		ouçamos		
vós	(ouvis)	(ouvistes)	(ouvíeis)	(ides)		(ouvi)		
eles, elas, vocês	ouvem	ouviram	ouviam	vão		ouçam		
pagar								
eu	pago	paguei	pagava	vou		–		
tu	pagas	pagaste	pagavas	vais		paga		
ele, ela, você, a gente	paga	pagou	pagava	vai	pagar	pague	pagado/ pago	pagando
nós	pagamos	pagámos	pagávamos	vamos		paguemos		
vós	(pagais)	(pagastes)	(pagáveis)	(ides)		(pagai)		
eles, elas, vocês	pagam	pagaram	pagavam	vão		paguem		
pedir								
eu	peço	pedi	pedia	vou		–		
tu	pedes	pediste	pedias	vais		pede		
ele, ela, você, a gente	pede	pediu	pedia	vai	pedir	peça	pedido	pedindo
nós	pedimos	pedimos	pedíamos	vamos		peçamos		
vós	(pedis)	(pedistes)	(pedíeis)	(ides)		(pedi)		
eles, elas, vocês	pedem	pediram	pediam	vão		peçam		
perder								
eu	perco	perdi	perdia	vou		–		
tu	perdes	perdeste	perdias	vais		perde		
ele, ela, você, a gente	perde	perdeu	perdia	vai	perder	perca	perdido	perdendo
nós	perdemos	perdemos	perdíamos	vamos		percamos		
vós	(perdeis)	(perdestes)	(perdíeis)	(ides)		(perdei)		
eles, elas, vocês	perdem	perderam	perdiam	vão		percam		

poder									
eu	posso	pude	podia	vou					
tu	podes	pudeste	podias	vais					
ele, ela, você, a gente	pode	pôde	podia	vai	poder	–	podido	podendo	
nós	podemos	pudemos	podíamos	vamos					
vós	(podeis)	(pudestes)	(podíeis)	(ides)					
eles, elas, vocês	podem	puderam	podiam	vão					
pôr									
eu	ponho	pus	punha	vou		–			
tu	pões	puseste	punhas	vais		põe			
ele, ela, você, a gente	põe	pôs	punha	vai	pôr	ponha	posto	pondo	
nós	pomos	pusemos	púnhamos	vamos		ponhamos			
vós	(pondes)	(pusestes)	(púnheis)	(ides)		(ponde)			
eles, elas, vocês	põem	puseram	punham	vão		ponham			
preferir									
eu	prefiro	preferi	preferia	vou		–			
tu	preferes	preferiste	preferias	vais		prefere			
ele, ela, você, a gente	prefere	preferiu	preferia	vai	preferir	prefira	preferido	preferindo	repetir, vestir-se, sugerir, referir/conferir
nós	preferimos	preferimos	preferíamos	vamos		prefiramos			
vós	(preferis)	(preferistes)	(preferíeis)	(ides)		(preferi)			
eles, elas, vocês	preferem	preferiram	preferiam	vão		prefiram			
querer									
eu	quero	quis	queria	vou		–			
tu	queres	quiseste	querias	vais		quer			
ele, ela, você, a gente	quer	quis	queria	vai	querer	queira	querido	querendo	
nós	queremos	quisemos	queríamos	vamos		queiramos			
vós	(quereis)	(quisestes)	(queríeis)	(ides)		(querei)			
eles, elas, vocês	querem	quiseram	queriam	vão		queiram			
reflectir									
eu	reflito	reflecti	reflectia	vou		–			
tu	reflectes	reflectiste	reflectias	vais		reflecte			
ele, ela, você, a gente	reflecte	reflectiu	reflectia	vai	reflectir	reflita	reflectido	reflectindo	
nós	reflectimos	reflectimos	reflectíamos	vamos		reflitamos			
vós	(reflectis)	(reflectistes)	(reflectíeis)	(ides)		(reflecti)			
eles, elas, vocês	reflectem	reflectiram	reflectiam	vão		reflitam			
rir									
eu	rio	ri	ria	vou		–			
tu	ris	riste	rias	vais		ri			
ele, ela, você, a gente	ri	riu	ria	vai	rir	ria	rido	rindo	
nós	rimos	rimos	ríamos	vamos		riamos			
nós	(rides)	(ristes)	(ríeis)	(ides)		(ride)			
eles, elas, vocês	riem	riram	riam	vão		riam			

9. Tabelle der unregelmäßigen Verben

Infinitivo	Presente	Pret. perfeito	Imperfeito	Futuro próximo		Imperativo	Particípio passado	Gerúndio	
saber									
eu	sei	soube	sabia	vou		–			
tu	sabes	soubeste	sabias	vais		sabe			
ele, ela, você, a genta	sabe	soube	sabia	vai	saber	saiba			
nós	sabemos	soubemos	sabíamos	vamos		saibamos	sabido	sabendo	
vós	(sabeis)	(soubestes)	(sabíeis)	(ides)		(sabei)			
eles, elas, vocês	sabem	souberam	sabiam	vão		saibam			
sair									
eu	saio	saí	saía	vou		–			
tu	sais	saíste	saías	vais		sai			
ele, ela, você, a gente	sai	saiu	saía	vai	sair	saia			cair
nós	saímos	saímos	saíamos	vamos		saiamos	saído	saindo	
vós	(saís)	(saístes)	(saíeis)	(ides)		(saí)			
eles, elas, vocês	saem	saíram	saíam	vão		saiam			
sentir									
eu	sinto	senti	sentia	vou		–			
tu	sentes	sentiste	sentias	vais		sente			
ele, ela, você, a gente	sente	sentiu	sentia	vai	sentir	sinta	sentido	sentindo	mentir
nós	sentimos	sentimos	sentíamos	vamos		sintamos			
vós	(sentis)	(sentistes)	(sentíeis)	(ides)		(senti)			
eles, elas, vocês	sentem	sentiram	sentiam	vão		sintam			
ser									
eu	sou	fui	era	vou		–			
tu	és	foste	eras	vais		sê			
ele, ela, você, a gente	é	foi	era	vai	ser	seja	sido	sendo	
nós	somos	fomos	éramos	vamos		sejamos			
vós	(sois)	(fostes)	(éreis)	(ides)		(sede)			
eles, elas, vocês	são	foram	eram	vão		sejam			
servir									
eu	sirvo	servi	servia	vou		–			
tu	serves	serviste	servias	vais		serve			
ele, ela, você, a gente	serve	serviu	servia	vai	servir	sirva	servido	servindo	
nós	servimos	servimos	servíamos	vamos		sirvamos			
vós	(servis)	(servistes)	(servíeis)	(ides)		(servi)			
eles, elas, vocês	servem	serviram	serviam	vão		sirvam			

[illegible]									
eu	subo	subi	subia	vou		–			
tu	sobes	subiste	subias	vais		sobe			
ele, ela, você, a gente	sobe	subiu	subia	vai	subir	suba	subido	subindo	
nós	subimos	subimos	subíamos	vamos		subamos			
vós	(subis)	(subistes)	(subíeis)	(ides)		(subi)			
eles, elas, vocês	sobem	subiram	subiam	vão		subam			
surgir									
eu	surjo	surgi	surgia	vou		–			
tu	surges	surgiste	surgias	vais		surge			
ele, ela, você, a gente	surge	surgiu	surgia	vai	surgir	surja	surgido	surgindo	
nós	surgimos	surgimos	surgíamos	vamos		surjamos			
vós	(surgis)	(surgistes)	(surgíeis)	(ides)		(surgi)			
eles, elas, vocês	surgem	surgiram	surgiam	vão		surjam			
ter									entreter-se conter manter
eu	tenho	tive	tinha	vou		–			
tu	tens	tiveste	tinhas	vais		tem			
ele, ela, você, a gente	tem	teve	tinha	vai	ter	tenha	tido	tendo	
nós	temos	tivemos	tínhamos	vamos		tenhamos			
vós	(tendes)	(tivestes)	(tínheis)	(ides)		(tende)			
eles, elas, vocês	têm	tiveram	tinham	vão		tenham			
trazer									
eu	trago	trouxe	trazia	vou		–			
tu	trazes	trouxeste	trazias	vais		traz/traze			
ele, ela, você, a gente	traz	trouxe	trazia	vai	trazer	traga	trazido	trazendo	
nós	trazemos	trouxemos	trazíamos	vamos		tragamos			
vós	(trazeis)	(trouxestes)	(trazíeis)	(ides)		(trazei)			
eles, elas, vocês	trazem	trouxeram	traziam	vão		tragam			
ver									
eu	vejo	vi	via	vou		–			
tu	vês	viste	vias	vais		vê			
ele, ela, você, a gente	vê	viu	via	vai	ver	veja	visto	vendo	
nós	vemos	vimos	víamos	vamos		vejamos			
vós	(vedes)	(vistes)	(víeis)	(ides)		(vede)			
eles, elas, vocês	vêem	viram	viam	vão		vejam			
vir									
eu	venho	vim	vinha	vou		–			
tu	vens	vieste	vinhas	vais		vem			
ele, ela, você, a gente	vem	veio	vinha	vai	vir	venha	vindo	vindo	
nós	vimos	viemos	vínhamos	vamos		venhamos			
vós	(vindes)	(viestes)	(vínheis)	(ides)		(vinde)			
eles, elas, vocês	vêm	vieram	vinham	vão		venham			

LEKTIONSWORTSCHATZ

Die Buchstaben am linken Seitenrand bedeuten:
A = Actividade; **K** = Kästchen mit den Zusammenfassungen wichtiger Strukturen;
T = Hörverständnis- oder Lesetext; **Z** = Zeichnung

UNIDADE 1

1	boa tarde	guten Tag!
	eu sou a Gabriela...	ich bin Gabriela ...
	inf.: ser	
	e o senhor? Como se chama?	und Sie (mein Herr)? Wie heißen Sie?
	inf.: chamar-se	
	como?	wie?
	eu chamo-me ... e a senhora?	ich heiße ... und Sie (meine Dame)?
	a actividade	die Übung
2	quem é o senhor Cardoso?	wer ist Herr Cardoso?
	quem é...?	wer ist?
	inf.: ser	
	sou eu	das bin ich
	a senhora Dona Margarida	Frau ...
	Sr. D. = Senhora Dona	
	é ele	das ist er
K	é ela	das ist sie
3	o senhor é o Sr. Sousa?	sind Sie Herr Sousa?
	Sr. = senhor	
	sim	ja
	sou sim	ja, das bin ich
	muito prazer	sehr angenehm
	igualmente	gleichfalls
	a menina é a Sonia?	sind Sie Fräulein Sonja?
	não, não sou	nein, das bin ich nicht
	desculpe ... como?	entschuldigen Sie ..., wie bitte?
4	este é o Paulo	das ist Paulo (der hier)
	esta é a Clara	das ist Clara (die hier)
	olá	hallo!
5	bom dia	guten Morgen
	como está?	wie geht es Ihnen?
	inf.: estar	sich befinden
	bem obrigado	danke gut
	obrigado, -a	danke
	mais ou menos	mehr oder weniger
	o menino como vai?	wie geht es dem Jungen?
	o menino	der Junge
	ele está sempre bem	dem geht es immer gut
	sempre	immer
	bem, então adeus	gut, dann auf Wiedersehen

	então	(also) dann
	minha senhora	meine Dame
6	como vai?	wie geht es Ihnen?
	bem, obrigada, e o Paulo?	danke gut, und Ihnen?
	estou óptimo	sehr gut, mir geht es ausgezeichnet
	óptimo, -a	ausgezeichnet, bestens
	como é o novo director?	wie ist der neue Direktor?
	novo, -a	neu
	simpático, -a	sympathisch
	ainda bem	Gott sei Dank
	adeusinho	tschüss
	até logo	bis später
7	como estás?	wie geht es dir?
	estou bem, obrigado, e tu?	danke (mir geht es) gut, und dir?
	como te chamas?	wie heißt du?
K	boa noite	guten Abend
	mal	schlecht
A 5	procure a resposta certa	suchen Sie die richtige Antwort
	inf.: procurar	

UNIDADE 2

1	estes são os meus amigos	das sind meine Freunde
	inf.: ser	
	donde é o senhor?	woher kommen Sie? (*wörtl.:* woher sind Sie?)
	donde?	woher?
	sou do Porto	ich komme aus Porto
	gosto muito do Porto	ich mag Porto sehr
	inf.: gostar de	
	sou de Lisboa	ich komme aus Lissabon
	e você?	und Sie?
	eu também	ich auch
K	donde és?	woher kommst du?
	donde são vocês?	woher kommt ihr?
	somos de Bremen	wir kommen aus Bremen
	inf.: ser	
A 1	nós somos de …	wir (betont) kommen aus …
	Aveiro	Aveiro (Stadt in Portugal)
	Estugarda	Stuttgart
	Francoforte	Frankfurt
	Florença	Florenz
	Friburgo	Freiburg
	Viena	Wien

A 2	construa frases	bilden Sie Sätze
	inf.: construir	
	a frase	der Satz
2	onde fica …?	wo liegt …?
	inf.: ficar	
	onde?	wo?
	o Arco de Triunfo	der Triumphbogen
	o Pão de Açúcar	der Zuckerhut
	a Torre de Belém	der Turm von Belém
	a Acrópole	die Akropolis
	a Ponte D. Luís	die D.-Luis-Brücke
	em Bruxelas	in Brüssel
	em Londres	in London
	Atenas	Athen
	no Porto	in Porto
3	como é que te chamas?	wie heißt du?
	como é que = como	wie?
	mas	aber
	moro em Lisboa	ich wohne im Lissabon
	inf.: morar	wohnen
	Lisboa é uma linda cidade	Lissabon ist eine schöne Stadt
	a cidade	die Stadt
	um/uma	ein, eine
	lindo, -a	schön
	para morar	um dort zu leben/wohnen
	não é?	nicht wahr?
	o que fazes aqui?	was machst du hier?
	inf.: fazer	
	o que …?	was …?
	aqui	hier
	estás de férias?	bist du in Urlaub?
	inf.: estar	
	estou a trabalhar	ich arbeite
K	onde mora?	wo wohnen Sie? / wo wohnt er/sie?
	estou a aprender	ich lerne
	estou a falar	ich spreche
A 3	és mesmo de Florença?	stammst du (wirklich) aus Florenz?
	mesmo	wirklich
	continue	machen Sie weiter
	inf.: continuar	
4	estou!	hallo! (am Telefon, *wörtl.:* hier bin ich)
	está lá!	hallo! (*etwa:* sind Sie da?)
	(*Brasil:* alô!)	
	quem fala?	wer spricht dort?
	onde é que estás?	wo bist du?

5	você é estrangeira?	sind Sie Ausländerin?
	estrangeiro, -a	Ausländer, -in
	alemão, alemã	Deutscher, Deutsche
	português/esa	Portugiese, in
	sou daqui	ich bin von hier
	com um grupo alemão	mit einer deutschen Gruppe
	já fala muito bem	Sie sprechen schon sehr gut
	inf.: falar	
	já	schon
	muito bem	sehr gut
K	espanhol/a	Spanier/in
	suíço, -a	Schweizer/in
	italiano, -a	Italiener/in
	inglês/esa	Engländer/in
	francês/esa	Franzose, Französin
A 5	grego, -a	Grieche, Griechin
	austríaco, -a	Österreicher/in
	americano, -a	Amerikaner/in
	russo, -a	Russe, Russin
	japonês/esa	Japaner/in
A 6	brasileiro, -a	Brasilianer/in
	australiano, -a	Australier/in
	peruano, -a	Peruaner/in
	croata (m./f.)	Kroate, Kroatin
	dinamarquês/esa	Däne, Dänin
A 7	porque está em Portugal?	weshalb sind Sie in Portugal?
	porque ...?	warum ...?
A 9	compreensão auditiva	Hörverständnis
T	*No café*	
	o café	das Café
	este lugar está livre?	ist dieser Platz frei?
	o lugar	der Platz
	livre (m./f.)	frei
	faz favor	ja, bitte sehr
	aprender a língua	die Sprache lernen
	a língua	die Sprache
	ah! interessante!	wie interessant!
	onde aprende?	wo lernen Sie?
	com o nosso professor	mit unserem Lehrer
	é muito bom	er ist sehr gut
	bom, boa	gut
	hoje à tarde	heute Nachmittag
	à tarde	nachmittags
	hoje	heute
	vamos à Feira Popular?	gehen wir zum Jahrmarkt?
	inf.: ir	

	a Feira Popular	der Jahrmarkt
	não sei	ich weiß nicht
	inf.: saber	
	é aqui já	er/es ist gleich hier
	já	gleich, schon
	vamos lá!	lass uns gehen!
A 10	errado	falsch

UNIDADE 3

1	vamos tomar alguma coisa?	gehen wir etwas trinken?
	tomar	nehmen, trinken
	alguma coisa	etwas
	boa ideia	gute Idee
	tenho uma sede ...	ich habe vielleicht einen Durst ...
	inf.: ter	
	vamos ao café	lass uns ins Café gehen!
K	a discoteca	die Diskothek
	a praia	der Strand
	desculpe, hoje não posso	entschuldigen Sie, aber heute kann ich nicht
	não posso	ich kann nicht
	inf.: poder	
	não tenho tempo	ich habe keine Zeit
	inf.: ter	
A 2	o teatro	das Theater
	o cinema	das Kino
	o restaurante	das Restaurant
2	o que toma?	was nehmen Sie? / was nimmt er/sie?
	eu tomo chá	ich nehme Tee
	prefiro um café	ich möchte lieber einen Kaffee
	inf.: preferir	
	bebe uma cerveja?	trinken Sie ein Bier? trinkt er/sie ein Bier?
	inf.: beber	
	uma limonada	eine Zitronenlimonade
	para mim	für mich
	um copo de leite quente	ein Glas heiße Milch
	o copo	das Glas, der Becher
	o leite quente	die heiße Milch
K	para nós	für uns
	um bagaço	ein Tresterschnaps
	um chocolate	eine Schokolade (Getränk)
	um sumol	eine Limonade
	um garoto	ein Espresso mit Milch
	um conhaque	ein Weinbrand
	uma bica	ein Espresso

	uma laranjada	eine Orangenlimonade
	uma água mineral	ein Mineralwasser
	uma gasosa	eine Limonade
A 3	um sumo natural	ein frisch gepresster Saft
A 4	complete	vervollständigen Sie
	inf.: completar	
	um gelado	ein Speiseeis
	o que é que? = o que?	was?
3	os números	die Zahlen
A 5	o jogo	das Spiel
4	faz favor!	bitte (*hier:* Herr Ober)!
	hoje não há café	heute haben wir keinen Kaffee (*wörtl.:* gibt es keinen Kaffee)
	inf.: haver	
	a máquina não funciona	die Kaffeemaschine funktioniert nicht
	inf.: funcionar	
	só há bebidas frescas	es gibt nur kalte Getränke
	só	nur
	a bebida	das Getränk
	fresco, -a	frisch, kühl
	o leite frio	die kalte Milch
	então, são duas cervejas	dann sind es also zwei Bier
5	quanto é um chá?	wie viel kostet ein Tee?
	o bolo	der Kuchen
	os refrigerantes	die Erfrischungsgetränke
	o galão	das Glas Kaffee mit Milch
	a cerveja (Imperial)	ein Bier vom Fass
	a garrafa	die Flasche
	o sumo natural de laranja	der frisch gepresste Orangensaft
	a laranja	die Apfelsine
	o sumo natural de limão	der frisch gepresste Zitronensaft
	o limão	die Zitrone
	vinhos e aguardentes	Weine und Spirituosen
	o vinho tinto Aliança	der Rotwein der Marke Aliança
	tinto	rot
	o vinho branco seco	der trockene Weißwein
	branco, -a	weiß
	seco, -a	trocken
	vinho do Porto	Portwein
	sangria jarro	Sangria (im) Krug
	a bagaceira	der Tresterschnaps
	velho, -a	alt
	pão/pastelaria/gelados	Brot/Gebäck/Eis
	a sandes de fiambre	das Weißbrot mit Schinken
	a sandes de queijo	das Weißbrot mit Käse
	o croissant	der Croissant, das Hörnchen

	a tosta mista	der Toast mit Käse und Schinken
	misto, -a	gemischt
6	olhe!	hören Sie mal! schauen Sie mal!
	o que desejam?	was wünschen Sie? (3. Pers. Plural)
	inf.: desejar	
	eu queria comer alguma coisa	ich möchte gern etwas essen
	inf.: querer	
	comer	essen
	temos torradas	wir haben Buttertoast
	e para beber?	und zu trinken?
	vem já!	es kommt gleich!
	inf.: vir	
T	Na casa da Ana	
	que surpresa!	was für eine Überraschung!
	desculpa lá	entschuldige!
	inf.: desculpar	
	queria apresentar	ich möchte vorstellen
	de dia	am Tage
	está muito só	Sie sind sehr allein
	só	*hier:* allein
	não faz mal	das macht nichts
	há tantos parques	es gibt so viele Parks
	tanto, -a	so viel
	um óptimo aperitivo	ein sehr guter Aperitif
	tanto faz	das ist mir gleich
	o que é que vocês fazem?	was macht ihr?
	nada	nichts
A 11	está num hotel?	ist er/sie in einem Hotel?
	as três	die drei

UNIDADE 4

1	um hotel de três estrelas	ein Drei-Sterne-Hotel
	moderno, -a	modern
	confortável (m/f)	gemütlich, bequem
	situado em plena Praia Grande	direkt an der Praia Grande gelegen
	a 30 km do centro de Lisboa	30 km vom Zentrum von Lissabons entfernt
	perto do centro histórico da vila de Sintra	in der Nähe der Altstadt von Sintra
	o centro histórico	die Altstadt
	a vila	die Kleinstadt
	o património mundial	das Weltkulturerbe
	dispõe de 39 quartos e 19 suites	es verfügt über 39 Zimmer und 19 Suiten
	inf.: dispor	
	o quarto	das Zimmer
	a suite	die Suite

	com vista para o mar	mit Meeresblick
	a vista	der Blick
	o terraço privativo	der eigene Balkon
	equipado com ar condicionado	mit Klimaanlage ausgestattet
	o aquecimento	die Heizung
	o telefone directo	direkte Telefonverbindung
	TV por satélite	Satellitenfernseher
	para lazer	zum Entspannen/an Freizeiteinrichtungen
	o hotel possui uma enorme piscina de água salgada	das Hotel hat ein riesiges Meerwasserschwimmbad
	a piscina	das Schwimmbad
	a água salgada	das Salzwasser
	salas de jogos, televisão e leitura	Spiel-, Fernseh- und Lektüreräume
	a sala	der Saal, das Wohnzimmer, der Raum
	a televisão	der Fernsehapparat, das Fernsehen
	a leitura	die Lektüre
	o pequeno almoço (*Brasil:* o café da manhã)	das Frühstück
2	ainda há um quarto livre?	haben Sie noch ein Zimmer frei?
	queria un quarto individual	ich hätte gern/möchte ein Einzelzimmer
	para duas semanas	für zwei Wochen
	a semana	die Woche
	o banho	das Bad
	quanto custa?	wie viel kostet es?
	a diária	pro Tag, der Tagessatz
	o seu passaporte	Ihren Pass, bitte
	aqui está!	hier ist er
K	um quarto duplo	ein Doppelzimmer
	um quarto com duas camas	ein Zweibettzimmer
	a cama	das Bett
	sem	ohne
	o chuveiro	die Dusche
	a pensão completa	die Vollpension
	a meia pensão	die Halbpension
A 1	há uma garagem?	gibt es eine Garage?
A 2	queria uma informação	ich hätte gern eine Auskunft
	quarto s/banho privativo	Zimmer ohne eigenes Bad
	ligação à internet	Internetanschluss
3	un quarto com três camas	ein Dreibettzimmer
	infelizmente não	leider nicht
	por pessoa	pro Person
	é um pouco caro	es ist etwas teuer
	um quarto mais barato	ein billigeres Zimmer
	serve?	ist Ihnen damit gedient?
	inf.: servir	
	aqui tem as chaves	hier sind die Schlüssel!

4	a que horas ...	um wie viel Uhr ...
	... podemos tomar o pequeno almoço?	... können wir frühstücken?
	inf.: poder	
	às 7 horas	um 7 Uhr
	até quando?	bis wann?
	tem serviço de restaurante?	haben Sie ein Restaurant?
	quando servem o jantar?	wann servieren Sie das Abendessen?
	inf.: servir	
	das 8 às 10.30	von 8 bis 10.30 Uhr
	não tem de quê	gern geschehen, bitte sehr
K	o almoço	das Mittagessen
	quando se pode almoçar?	wann kann man Mittag essen?
	a partir do meio-dia	ab 12 Uhr
5	que horas são?	wie spät ist es?
	são 2.15 (duas e um quarto)	es ist Viertel nach zwei
A 4	o relógio	die Uhr
A 5	a que horas abre o banco?	um wie viel Uhr öffnet die Bank?
	inf.: abrir	
	o banco	die Bank
	a que horas fecha?	um wie viel Uhr schließt sie?
	inf.: fechar	
	quando está aberto?	wann ist sie geöffnet?
	inf.: estar aberto	
	à hora do almoço	in der Mittagszeit
	o horário de abertura	die Öffnungszeit
	a farmácia	die Apotheke
	a loja	der Laden
	o centro comercial	das Einkaufszentrum
	o museu	das Museum
6	fazer uma chamada para = telefonar para	anrufen/telefonieren nach
	a Alemanha	Deutschland
	para onde quer telefonar?	wohin wollen Sie telefonieren?
	o indicativo da Alemanha (*Brasil:* o código da ...)	die Vorwahl von Deutschland
7	mudar de quarto	das Zimmer wechseln
	a senhora não está contente?	sind Sie nicht zufrieden?
	barulhento, -a	laut
	tudo ocupado	alles besetzt
	amanhã fica livre o 39	morgen wird das Zimmer 39 frei
	inf.: ficar	*hier:* werden
	dá para o jardim?	liegt es auf der Gartenseite?
	inf.: dar para ...	liegen zum/zur ... hin
	bonito, -a	schön
	sossegado, -a	ruhig

A 8	grande (m./f.)	groß
A 9	a cabine	die Telefonzelle
	podem ficar ainda 3 noites	Sie können noch drei Nächte bleiben
	chamo um táxi	ich rufe ein Taxi
	inf.: chamar	
8	apartamento aluga-se	Wohnung zu vermieten
	inf.: alugar	
	Agosto e Setembro	August und September
	vivenda aluga-se	Haus zu vermieten
	meses Julho – Agosto	Monate Juli – August
	o mês	der Monat
	mobilado, -a	möbliert
	a casa de banho	das Badezimmer
	a cozinha	die Küche
	a vista panorâmica	die schöne Aussicht
A 10	a aldeia de pescadores	das Fischerdorf
A 11	uma carta	ein Brief
	Prezados Senhores	Sehr geehrte Herren
	atenciosamente	hochachtungsvoll, mit freundlichen Grüßen
A 12	o diálogo	der Dialog
	estou a fazer um filme	ich drehe gerade einen Film
	num lugar íntimo	an einem anheimelnden/freundlichen Ort
9	a minha mulher	meine Frau
	quando vamos para férias	wenn wir in Urlaub fahren
	inf.: ir	
	a natureza	die Natur
	porque	weil
	andar a pé	zu Fuß gehen
	um certo conforto	ein gewisser Komfort
	visitar	besuchen, besichtigen
	cosmopolito, -a	kosmopolitisch, weltoffen
	o barulho dos cafés	die Geräusche der Cafés
	ver muita gente	viele Menschen sehen
	a vida nocturna	das Nachtleben
	por isso	deswegen, deshalb
	o ideal	das Ideal, das Beste
	assim	so, auf diese Weise
	fazer praia	an den Strand gehen
	o programa cultural	das Kulturprogramm
A 13	Moinho Velho	Alte Mühle
	o moinho	die Mühle
	Sol e Mar	Sonne und Meer
	o sol	die Sonne
	O Ninho das Águias	das Adlernest
	o ninho	das Nest

	a águia	der Adler
	intacto, -a	intakt, unberührt
T 2	*Aluga-se*	
	o casal	das Ehepaar
	a criança	das Kind
	procuramos apartamento	wir suchen eine Wohnung
	para quando?	für wann?
	o sofá-cama	der Bettcouch
	então não há problema	dann gibt es kein Problem
	o problema	das Problem
	pois é ... mas ...	ja schon ..., aber ...
	o sossego	die Ruhe
	querem ver ...?	wollen Sie ... ansehen?
	que bonito!	wie schön!
	que bela vista!	was für eine schöne Aussicht!
	belo, -a	schön
	por semana	pro Woche
	dar a resposta	die Antwort geben
	obrigado eu	ich habe zu danken
A 16	fazer campismo	campen, zelten
	ir de férias	Urlaub machen
	o que acha da alternativa?	was halten Sie von der Alternative?

UNIDADE 5

1	qual é o eléctrico para ...?	welche ist die Straßenbahn zu/nach ...?
	o eléctrico	die Straßenbahn
	a basílica	die Basilika/Kirche
	Estrela	Stadtteil Lissabons
	onde é a paragem, sabe?	wissen Sie, wo die Haltestelle ist?
	inf.: saber	
	a paragem	die Haltestelle
	é ali em frente	sie ist dort gegenüber
K	o metro	die U-Bahn
	o autocarro	der Bus
	a estação	der Bahnhof
	não sei	ich weiß es nicht
2	comprar	kaufen
	o bilhete	das Ticket, der Fahrschein
	o elevador	der Fahrstuhl
	nós não vendemos	wir verkaufen nicht
	inf.: vender	
	o quiosque	der Kiosk
	o correio	die Post

3	onde tenho que descer?	wo muss ich aussteigen?
	inf.: ter que	
	na quarta paragem	an der vierten Haltestelle
	quarto, -a	vierter, vierte
	no largo ...	am ...-Platz
K	onde tenho que sair?	wo muss ich aussteigen?
	sair	hinausgehen, ausgehen (*hier:* aussteigen)
	primeiro, -a	erster, erste
	segundo, -a	zweiter, zweite
4	aqui perto	hier in der Nähe
	perto	nah
	na rua ...	in der Straße ...
	à esquerda	links
K	há uma pasteleria ...?	gibt es eine Konditorei ...?
	terceiro, -a	dritter, dritte
	à direita	rechts
A 3	a avenida	die Allee
	a praça	der Platz
	a travessa	die Gasse
	o Turismo	das Fremdenverkehrsbüro
	o parque de estacionamento	der Parkplatz
	a tabacaria	der Tabakladen
	o supermercado	der Supermarkt
A 4	o Jardim Botânico	der Botanische Garten
	peça informações	bitten Sie um Auskünfte, fragen Sie
	inf.: pedir	
	um transeunte	ein Passant
	toma a primeira rua	nehmen Sie die erste Straße
	o meio	die Mitte
	Anedota	*der Witz*
	entrar no eléctrico	in die Straßenbahn einsteigen
	entrar	hineingehen
	cheio, -a	voll
	admirada pergunta	erstaunt fragt sie
	inf.: perguntar	
	admirado, -a	erstaunt
	um cavalheiro	ein Kavalier
	perdão, minha senhora	entschuldigen Sie, meine Dame
	o que não há ...	was es nicht gibt ...
5	é longe?	ist es weit?
	ao lado do teatro	neben dem Theater
	um selo para a França	eine Briefmarke für/nach Frankreich
K	em frente a/de	gegenüber
	atrás de	hinter

A 5	olhe a planta da cidade	schauen Sie auf den Stadtplan
	inf.: olhar	
	a planta da cidade	der Stadtplan
	está na esquina	Sie sind an der Ecke
A 6	mesmo, -a	derselbe, dieselbe
A 7	não conhece nada	Sie kennen nichts, Sie kennen sich nicht aus
	inf.: conhecer	
	quer ver…	Sie wollen sehen
	o Castelo de São Jorge	die St.-Georgs-Burg
	a Sé	der Dom, die Kathedrale
6	ora	also
	primeiro vão por esta rua	zuerst gehen Sie diese Straße
	inf.: ir	
	sempre em frente	immer geradeaus
	passam pelo monumento	Sie gehen an dem Denkmal vorbei
	inf.: passar por	
	atravessam a Pr.…	Sie überqueren den …-Platz
	inf.: atravessar	
	pois bem, viram na primeira…	gut/o. k., Sie biegen in die erste … ein
	inf.: virar	
	continuam sempre em frente	Sie gehen immer weiter geradeaus
	até à praça	bis zum Platz
K	depois	danach
A 8	exactamente	genau
	a papelaria	das Papierwarengeschäft
	a cervejaria	das Bierlokal
	a Câmara Municipal	das Rathaus
	a Igreja do Carmo	die Karmeliterkirche
A 9	a Clara vem do trabalho	Clara kommt von der Arbeit
	inf. vir	
	vem de autocarro	sie kommt mit dem Bus
T 1	*O 24 de Junho nas ruas do Porto*	
	24 de Junho	24. Juni
	quase	fast
	meu Deus, tanta gente	mein Gott, so viele Leute!
	como estão alegres!	wie fröhlich sie sind!
	alegre (m./f.)	fröhlich
	o que é isto?	was ist das?
	isto é um martelinho	das ist ein kleiner Hammer
	para que é?	wofür ist er? was macht man damit?
	bater na cabeça desta menina	auf den Kopf dieses Mädchens schlagen
	a cabeça	der Kopf
	deste, -a	dieses, dieser
	levemente	leicht
	uma menina tão simpática	ein so sympathisches Mädchen

	tu és maluco?	bist du verrückt?
	um gesto de simpatia	eine freundliche Geste
	isto não dói	das tut nicht weh
	inf.: doer	
	é de plástico	er ist aus Plastik
	podes até bater com ele	du kannst sogar damit schlagen
	o polícia	der Polizist
	uma noite muito especial	eine ganz besondere Nacht
	especial (m./f.)	besonders, außergewöhnlich
	a rua é do povo	die Straße gehört dem Volk
	o povo	das Volk
	já não circula um carro	es fährt kein einziges Auto mehr
	inf.: circular	
	já não	nicht mehr
	na Baixa	in der Baixa (Stadtteil von Porto)
	não interessa	es ist nicht wichtig, es ist uninteressant
	inf.: interessar	
	cantar	singen
	dançar	tanzen
	comer sardinhas assadas	gebratene Sardinen essen
	a sardinha	die Sardine
	assado,-a	gebraten
	passar a noite na rua	die Nacht auf der Straße verbringen
	que perfume!	welch ein Duft!
	o manjerico	das kleinblättrige Basilikum
A 12	esta festa	dieses Fest
	típico, -a	typisch
	nesta noite	in dieser Nacht
A 13	ficar em casa	zu Hause bleiben
A 14	um dia em que ...	ein Tag, an dem ...
	comunicativo, -a	gesellig, aufgeschlossen
	eufórico, -a	euphorisch
	nesse dia	an diesem Tag
T 2	*Um postal*	
	querido, -a	lieber, liebe
	porque já estão reformados	weil sie schon pensioniert sind
	mostrar a cidade	die Stadt zeigen
	com tanto prazer	so gern
	o bairro	der Stadtteil
	antigo, -a	alt
	o célebre eléctrico	die berühmte Straßenbahn
	célebre (m./f.)	berühmt, bekannt
	subir a pé	zu Fuß hinaufgehen
	até breve	bis bald
	um grande abraço	ich umarme dich
	o abraço	die Umarmung

	Um eléctrico chamado 28	
	chamado	genannt
	ele desce pelos ...	sie fährt hinunter durch die ...
	inf.: descer	
	com as suas ruelas e escadinhas	mit ihren kleinen Straßen und Treppen
	sobe ao Bairro Alto	fährt zum Bairro Alto hinauf
	inf.: subir	
	finalmente	endlich
	o cemitério	der Friedhof
	o percurso é dos mais belos de Lisboa	die Fahrstrecke ist eine der schönsten von Lissabon

UNIDADE 6

1	a tia	die Tante
	o tio	der Onkel
	para jantar	zum Abendessen
	o que vais fazer?	was wirst du machen?
	que tal ...?	wie wäre es mit ...?
	uma carne de porco à alentejana	Schweinefleisch auf Alentejo-Art (Alentejo, Provinz in Südportugal)
	a carne	das Fleisch
	o meu prato preferido	mein Lieblingsgericht
	é preciso comprar alguma coisa?	müssen wir dafür etwas einkaufen?
	é preciso	es ist nötig
	as amêijoas	die Muscheln
	as batatas	die Kartoffeln
	o alho	der Knoblauch
	o óleo	das Öl
	o pimento	die Paprika
	falta óleo	es fehlt Öl
	inf.: faltar	
A 1	você vai fazer compras	Sie gehen einkaufen
	inf.: ir fazer compras	einkaufen gehen
	o sal	das Salz
	géneros alimentícios	die Lebensmittel
	o caldo	die Suppe
	a massa de tomate	das Tomatenmark
	o azeite	das Olivenöl
	a manteiga	die Butter
	a margarina	die Margarine
	o arroz	der Reis
	a farinha	das Mehl
	o frango	das Hähnchen
	o ovo	das Ei
	o peixe	der Fisch
	as verduras	das Gemüse

	a fruta	das Obst
	o açucar	der Zucker
	o licor	der Likör
	o doce	die Süßspeise
A 2	cantar no coro	im Chor singen
Z	o talho	die Schlachterei, die Metzgerei
	a mercearia	der Krämerladen
	a padaria	die Bäckerei
2	um quilo de lombo de porco	ein Kilo Schweinefilet
	o quilo	das Kilo
	a carne de bife	das Steakfleisch
	tenro, -a	zart
	tenríssimo, -a	sehr zart
	então dê-me quatro bifes	dann geben Sie mir vier Steaks
	inf.: dar	
K	quatro bifes de vaca	vier Rindersteaks
3	uma lata de azeite	eine Büchse Olivenöl
	250 gramas de fiambre	250 Gramm gekochter Schinken
	e que mais?	und was noch?
	cinco fatias finas de presunto	fünf dünne Scheiben roher Schinken
	a fatia	die Scheibe
	fino, -a	dünn
	o presunto	der rohe Schinken
	meio quilo de uvas	ein Pfund Weintrauben
	a uva	die Weintraube
A 4	o que é que vai comprar?	was werden Sie kaufen?
	1 litro = 1 L	1 Liter
	a carne picada	das Hackfleisch
	(*Brasil*: carne moída)	
	o chouriço	die Wurst
	o pão de centeio	das Roggenbrot
4	os melões são doces?	sind die Melonen süß?
	o melão	die Melone
	doce (m./f.)	süß
	são uma delícia	sie sind ein Genuss
	estão bem maduros	sie sind sehr reif
	maduro, -a	reif
	a como são?	was kosten sie?
	levo só um quilo de feijão verde	ich nehme nur ein Kilo grüne Bohnen
	inf.: levar	(mit)nehmen
	a alface	der Salat
	preciso de uvas	ich brauche Weintrauben
	inf.: precisar	
	mas essas não	aber diese nicht
	esse, essa	dieser, diese, dieses

	aquelas, as pretas	die dort, die blauen
	aquele, -a	der/die dort
	preto, -a	schwarz
A 5	magro, -a	mager, fettarm
	repita	wiederholen Sie
	inf.: repetir	
A 6	são de primeira qualidade	sie sind von bester Qualität
	o queijo da Serra	der Bergkäse
A 7	perto do vendedor	nahe beim Verkäufer
	a melancia	die Wassermelone
	a maçã	der Apfel
	virgem	*hier:* kaltgepresst
A 8	palavras cruzadas	Kreuzworträtsel
	a palavra	das Wort
A 9	fresquinho, -a	ganz frisch
	mais alguma coisa?	noch etwas?
	ao todo	insgesamt, alles zusammen
5	é facil	es ist leicht
	a colher de sopa	der Esslöffel
	a sopa	die Suppe
	o colorau doce	das edelsüße Paprikapulver
	o pimento vermelho	der rote Paprika
	vermelho, -a	rot
	a pimenta	der Pfeffer
	3 gotas de piri-piri	3 Tropfen Piri-Piri
	a gota	der Tropfen
	a folha de louro	das Lorbeerblatt
	o louro	der Lorbeer
	5 dentes de alho	5 Knoblauchzehen
	o dente	*hier:* die Zehe (*wörtl.*: der Zahn)
	a banha	das Schmalz
	a salsa	die Petersilie
	cortar a carne em cubos	das Fleisch in Würfel schneiden
	o cubo	der Würfel
	temperar	würzen
	com os alhos pisados	mit gepresstem Knoblauch
	pisado, -a	gepresst
	pimento cortado	klein geschnittene Paprika
	deixar ficar assim	so stehenlassen
	fritar a carne	das Fleisch braten
	lavar bem as amêijoas	die Muscheln gut waschen
	juntar	hinzufügen
	deixar cozer ainda 10 minutos	noch 10 Minuten kochen lassen
	picado, -a	gehackt
	provar	abschmecken
	batatinhas fritas em cubos	Pommes frites in Würfeln

	temperado, -a	gewürzt
	o vinagre	der Essig
A 11	este prato simples	dieses einfache Gericht
	rápido e apetitoso	schnell und schmackhaft
	costeletas de porco	Schweinekoteletts
	a batata cozida	die gekochte Kartoffel
	o rosmaninho/alecrim	der Rosmarin
T	*Comer e beber*	
	viva Margarida!	grüß dich, Margarida!
	vamos almoçar juntos?	gehen wir zusammen Mittag essen?
	nunca	nie
	é para manter a linha?	wegen der schlanken Linie?
	inf.: manter	halten
	duas vezes por dia	zweimal am Tag
	a vez	das Mal
	um prato	*hier:* ein Gang
	a sobremesa	der Nachtisch
	o/a colega	der Kollege, die Kollegin
	vão à cantina	sie gehen in die Kantine
	petiscar	naschen (Imbiss einnehmen)
	o que é que tu chamas petiscar?	was nennst du naschen?
	o croquete	die Krokette
	o cachorro quente	der „hot dog"
	... e pronto	und fertig
	pois olha ...	also ...
	com ambiente bem familiar	in einer gemütlichen Atmosphäre
	à mesa	auf dem Tisch/bei Tisch
	a mesa	der Tisch
	um óptimo bacalhau	ein exzellenter Klippfisch
	logo bacalhau, que eu não gosto nada	ausgerechnet „bacalhau", den ich überhaupt nicht mag
	eu adoro	ich mag ihn sehr
	inf.: adorar	
	temos que comer enquanto há	wir müssen ihn essen, so lange es ihn gibt
	isso vai ser um choque	das wird ein Schock sein
	a nação	die Nation, das Land
	comemos demais	wir essen zu viel
	uma forma de conviver	eine Art von Geselligkeit
	por exemplo	zum Beispiel
	faço muitos negócios à mesa	ich schließe viele Geschäfte beim Essen ab
	resolvo problemas	ich löse Probleme
	inf.: resolver	
	o beijo	der Kuss
	bom apetite!	guten Appetit!
Z	são servidos?	darf ich Ihnen etwas anbieten? (*wörtl.:* sind Sie bedient?)

A 13	diariamente	täglich
	depois de	nach ... (zeitlich)
	o outro, os outros	der andere, die anderen
A 14	no seu país	in Ihrem Land
	o país	das Land
	duas refeições quentes	zwei warme Mahlzeiten
	a refeição	die Mahlzeit
	o tipo de restaurante	die Art von Restaurant
A 15	viver	leben

UNIDADE 7

1	Irene tem 30 anos	Irene ist 30 Jahre alt
	o marido	der Ehemann (*hier*: ihr Mann)
	a secretaria de uma escola	das Sekretariat einer Schule
	o aeroporto	der Flughafen
	eles têm dois filhos	sie haben zwei Kinder
	os filhos	die Kinder
	o dia-a-dia	der Alltag, das tägliche Leben
	eu levanto-me	ich stehe auf
	inf.: levantar-se	
	da manhã, de manhã	morgens
	acordo as crianças	ich wecke die Kinder
	inf.: acordar	wecken, aufwachen
	lavo-me	ich wasche mich
	inf.: lavar-se	
	visto-me depressa	ich ziehe mich schnell an
	inf.: vestir-se	
	e logo depois	und kurz danach
	saímos de casa	wir gehen aus dem Haus
	inf.: sair	
	o meu marido leva as crianças à escola	mein Mann bringt die Kinder zur Schule
	inf.: levar	
	às oito e meia em ponto	um Punkt halb neun
	começo a trabalhar	ich fange an zu arbeiten
	inf.: começar	
	para não perder tempo	um keine Zeit zu verlieren
	de tarde	nachmittags, am Nachmittag
	outra vez	nochmals
	termino o trabalho	ich höre auf zu arbeiten
	inf.: terminar	
	no caminho para casa	auf dem Weg nach Hause
	quando chego a casa	wenn ich zu Hause ankomme
	inf.: chegar	
	as crianças já voltaram	die Kinder sind schon zurückgekommen
	inf.: voltar	

	eu entretenho-me com elas	ich beschäftige mich mit ihnen
	inf.: entreter-se	
	descanso um pouco	ich ruhe mich ein wenig aus
	inf.: descansar	
	mais ou menos às 9 horas	gegen 9 Uhr
	ajuda-me um pouco a arrumar a cozinha	hilft mir ein bisschen, die Küche aufzuräumen
	inf.: ajudar	
	arrumar	aufräumen
	e só quando ...	und erst, wenn ...
	sento-me a conversar	ich setze mich und unterhalte mich
	inf.: sentar-se	
	lá pela meia noite	um Mitternacht herum
	vamos para a cama	wir gehen ins Bett
2	ontem	gestern
	telefonei para tua casa	ich habe bei dir angerufen
	pra = para	
	várias vezes	mehrmals
	não encontrei ninguém	ich habe niemanden erreicht
	inf.: encontrar	
	escrevi cartas	ich habe Briefe geschrieben
	inf.: escrever	
	li um pouco	ich habe ein wenig gelesen
	inf.: ler	
A 3	cozinhar	kochen
A 4	jogar cartas	Karten spielen
	jogar ténis	Tennis spielen
	jogar futebol	Fußball spielen
	comer fora	außerhalb essen
	ler o jornal	die Zeitung lesen
3	então, essas férias?	na, (wir waren denn) diese Ferien?
	fiquei por cá	ich bin hiergeblieben
	cá	hier
	umas belas férias	schöne Ferien
	visitar a família dela	ihre Familie besuchen
	os meus pais	meine Eltern
	aí trabalhei nas vindimas	dort habe ich bei der Weinlese gearbeitet
	trabalhar nos campos	auf den Feldern arbeiten
	coisas frescas da horta	Frisches vom Gemüsegarten
A 6	nadar	schwimmen
	tirar fotografias	fotografieren
	andar de bicicleta	Fahrrad fahren
	a bicicleta	das Fahrrad
	pescar	angeln
A 7	dele, dela	von ihm, von ihr
	o filho, a filha	der Sohn, die Tochter

A 8	teu, tua	dein, deine
	vosso, vossa	euer, eure
	o pai	der Vater
A 9	na portaria dum hotel	an der Rezeption eines Hotels
	a conversa entre amigos	das Gespräch zwischen Freunden
4	nasceu em Lisboa	er wurde in Lissabon geboren
	inf.: nascer	
	no ano de ...	im Jahr ...
	com a idade de 5 anos	im Alter von fünf Jahren
	a mãe casou-se ... com o cônsul	die Mutter hat ... den Konsul geheiratet
	inf.: casar-se	
	o futuro poeta	der künftige Dichter
	regressou a Lisboa	er kehrte nach Lissabon zurück
	inf.: regressar	
	definitivamente	endgültig, für immer
	aí frequentou o Curso Superior de Letras	dort hat er Literatur studiert
	inf.: frequentar	
	o correspondente em inglês	der Englisch-Korrespondent
	firmas comerciais	Handelshäuser
	a firma	die Firma
	publicou poemas ingleses	er veröffentlichte Gedichte in Englisch
	inf.: publicar	
	o poema	das Gedicht
	surgiu o seu único livro	erschien sein einziges Buch
	publicado em vida	zu Lebzeiten veröffentlicht
	inf.: surgir	
	depois da morte	nach dem Tod
	a morte	der Tod
	descobriu a sua obra	(Portugal) entdeckte sein Werk
	inf.: descobrir	
	morreu	er starb
	inf.: morrer	
A 10	o que é que aconteceu?	was ist geschehen?
	inf.: acontecer	
A 12	o cantor de protesto	der Protestsänger
	estudar História e Filosofia	Geschichte und Philosophie studieren
	fazer oposição	Widerstand leisten
	a ditadura	die Diktatur
	através de	durch
	a militância política	das politische Engagement
	a canção, as canções	das Lied, die Lieder
	moreno, -a	braun
	o sinal de partida	das Startsignal
	a revolução	die Revolution
	o dinheiro	das Geld
	os pobres	die Armen
	completamente pobre	völlig verarmt

A 13	ouça	hören Sie an
	inf.: ouvir	
	o que cada pessoa diz	was jede Person sagt
	inf.: dizer	
	cada (m./f.)	jeder, jede
	o que entenderam	was Sie verstanden haben
	inf.: entender	
T	*Gente no trabalho*	
	casado, -a	verheiratet
	a professora primária	die Grundschullehrerin
	o problema social	das soziale Problem
	abandonado, -a	verlassen, allein gelassen
	frequentemente	oft
	toda a espécie de dificuldades	alle möglichen Schwierigkeiten
	a dificuldade	die Schwierigkeit
	ganho mal	ich verdiene schlecht
	inf.: ganhar	
	gratificante (m./f.)	dankbar, lohnend
	os jovens	die jungen Leute
	o aluno	der Schüler
	o operário	der Arbeiter
	ela faz limpezas	sie putzt, macht sauber
	a limpeza	das Saubermachen, die Reinigung
	de vez em quando	ab und zu
	voltar	zurückkehren
	depois da reforma	nach der Pensionierung
	o camponês	der Bauer
	a terra dá trigo	der Boden bringt Weizen hervor
	chega para alimentar a família	es reicht, um die Familie zu ernähren
	duro, -a	hart
	ficar no campo	auf dem Lande bleiben
A 14	a fala	die Aussage, die Worte
	a profissão	der Beruf
	agora	jetzt
	quais destas afirmações ...?	welche von diesen Aussagen ...?
	qual (sg.), quais (pl.)	welcher, welche
	a afirmação	die Aussage
A 15	a enfermeira	die Krankenschwester
	o repórter	der Reporter
	o mecânico	der Mechaniker
	a secretária	die Sekretärin
	monótono, -a	eintönig, langweilig
	arriscado, -a	risikoreich
	o retrato	das Bild
	fazer um retrato	*hier:* ein Bild geben
A 16	solteiro, -a	ledig
	divorciado, -a	geschieden

UNIDADE 8

1	a malta	die Clique, *hier:* wir
	no Londres está a correr um filme	im Kino Londres läuft ein Film
	é que eu … tenho que ir buscar a minha namorada	ich muss nämlich meine Freundin abholen
	ir buscar	abholen
	a namorada	die Freundin, mit der man zusammen ist
	o filme acaba às onze e meia	der Film ist um 11.30 Uhr zu Ende
	inf.: acabar	
	a malta leva-te	wir bringen dich hin
	vocês levam-me mesmo?	bringt ihr mich wirklich hin?
K	está a dar um filme	es läuft gerade ein Film
	no fim de semana	am Wochenende
	podíamos fazer uma excursão	wir könnten einen Ausflug machen
	vamos dar um passeio	lass/lasst uns einen Spaziergang machen
A 2	qual é a possibilidade?	welche Möglichkeit gibt es?
	desde o ano passado	seit dem letzten Jahr
	nós precisamos de falar com vocês	wir müssen mit euch sprechen
	pastéis de bacalhau	Stockfisch-Kroketten
	o pastel	die Pastete, *hier:* die Krokette
	o festival de jazz	das Jazzfestival
A 3	escolha o programa	suchen Sie sich das Programm aus
	inf.: escolher	
A 4	no canal 1	im ersten Programm
	o telejornal	die Nachrichten(sendung)
	RTP, SIC, TVI	portugiesische Fernsehanstalten
	o desejo	der Wunsch
	a lei da milícia	das Militärrecht
	sai de baixo (brasil.)	verschwinde
	o jornal da noite	die Abendnachrichten
	saber amar	lieben können
	saber	können, wissen
2	na quarta-feira	am Mittwoch
	é feriado	es ist Feiertag
	que pena!	wie schade!
	tenho o aniversário de um amigo, que faz 40 anos	da muss ich zum Geburtstag eines Freundes, der 40 Jahre alt wird
	o aniversário	der Geburtstag
	fazer anos	Geburtstag haben
	fazer 40 anos	40 Jahre alt werden
	não posso faltar	da darf ich nicht fehlen
	inf.: poder	*hier:* dürfen
	fica para sábado	machen wir das am Sonnabend (*wörtl.:* es bleibt für Sonnabend)
	o sábado	der Sonnabend, der Samstag

	inf.: ficar para	
	telefono-te depois	ich rufe dich später an
K	ocupado, -a	*hier:* beschäftigt
	com muito gosto	sehr gerne
A 5	que tal, terça-feira?	wie wäre es mit Dienstag?
	a agenda	der Taschenkalender
	tem 5 compromissos	Sie haben 5 Termine
	o compromisso	der Termin
	a lição de dança	die Tanzstunde
	o dentista	der Zahnarzt
	a ginástica	die Gymnastik
	combine um dia na semana	machen Sie einen Tag in der Woche aus
	inf.: combinar	
	segunda (-feira)	Montag
	terça (-feira)	Dienstag
	quarta (-feira)	Mittwoch
	quinta (-feira)	Donnerstag
	sexta (-feira)	Freitag
	sábado	Sonnabend
	domingo	Sonntag
A 6	o disco	die Schallplatte
3	Janeiro	Januar
	Fevereiro	Februar
	Março	März
	Maio	Mai
	Outubro	Oktober
	Novembro	November
	Dezembro	Dezember
A 7	o calendário de aniversários	der Geburtstagskalender
A 8	consultar	nachschlagen
	a 12 de Junho	am 12. Juni
4	foi muito divertido	es war sehr lustig
	durou até às duas horas	er hat bis zwei Uhr gedauert
	inf.: durar	
	aquele que namorou a tua irmã	der, der mit deiner Schwester zusammen war
	inf.: namorar	
	eu já não vejo esse homem há 15 anos	ich habe den Mann seit 15 Jahren nicht mehr gesehen
	o homem, os homens	der Mann, die Männer
	há quinze anos	seit fünfzehn Jahren
	gordo, -a	dick
	careca (m./f.)	glatzköpfig
K	chato	langweilig
	horrível (m./f.)	schrecklich
	mau (m.), má (f.)	schlecht, böse

A 9	uma personalidade conhecida	eine bekannte Persönlichkeit
	conhecido, -a	bekannt, berühmt
	escolhido, -a	ausgewählt
A 10	o bébé	das Baby
	o rapaz	der Junge
	quem traz as bebidas?	wer bringt die Getränke mit?
	inf.: trazer	
	a rapariga	das Mädchen
	cedo	früh
	a tempo	pünktlich
A 11	convidar	einladen
A 12	leia a frase seguinte	lesen Sie den folgenden Satz
	que conclusões pode tirar?	welche Schlussfolgerungen können Sie ziehen?
	tranquilo, -a	ruhig, in Ruhe
	peço um pouco de tranquilidade	ich bitte um ein bisschen Ruhe
	inf.: pedir	
5	no próximo sábado	nächsten Sonnabend
	está combinado	ist abgemacht
	a gente	*hier:* wir
	sei lá	was weiß ich
	eu levo então um franguinho	ich bringe dann ein Hähnchen mit
	onde é que a gente se encontra?	wo treffen wir uns?
	inf.: encontrar-se	
	à saída da ponte	am Ende der Brücke
	é melhor	es ist besser
A 13	a página	die Seite
	a diversão	die Unterhaltung, das Vergnügen
	a cultura	die Kultur
	o *Oceanário*	das Seewasseraquarium
	imaginar	sich vorstellen
	o maior	der/das größte
	alguns dos mais interessantes projectos	einige der interessantesten Projekte
	a arquitectura	die Architektur
	passear	spazieren gehen
	assistir a um espectáculo	eine Vorstellung besuchen
	ao longo do rio Tejo	den Tejo entlang
	o *Centro Cultural de Belém*	das Kulturzentrum von Belém
	a construção	der Bau
	notável (m./f.)	bedeutend
	a exposição	die Ausstellung
	o Museu Nacional do Azulejo	das nationale Kachelmuseum
	o azulejo	die Kachel, die Fliese
	o século	das Jahrhundert
	exposto, -a	ausgestellt
	o convento	das Kloster

	o fado	der Fado
	excepto	außer
	aceita cartões	wir akzeptieren Kreditkarten
	inf.: aceitar	
	a cartão	die Kreditkarte
A 14	logo	sofort
	um filme tão brutal	ein so brutaler Film
	brutal (m./f.)	brutal
A 15	daqui a (cinco minutos)	in (= Ende einer Zeitspanne)
	há quanto tempo	wie lange
A 17	a clientela	die Kundschaft
A 18	a ópera	die Oper
	lisboeta (m./f.)	Lissabonner
	troquem as vossas opiniões	tauschen Sie Ihre Meinungen aus
	inf.: trocar	
	a opinião	die Meinung
T 1	*Noites de Luar*	
	o luar	der Mondschein
	animado, -a	lebendig
	o mundo	die Welt
	inteiro, -a	ganz, voll
	a oferta	das Angebot
	o gosto	der Geschmack
	a capital	die Hauptstadt
	intimista (m./f)	intim
	social (m./f.)	*hier:* belebt, gesellig
	clássico, -a	*hier:* herkömmlich
	silencioso, -a	still, ruhig
	elitista (m./f.)	elitär
	alto, -a	groß, hoch
	baixo, -a	klein, niedrig
	diversificado, -a (>diversificar)	vielfältig
	a proposta	der Vorschlag, *hier:* das Angebot
	diferente (m./f.)	unterschiedlich
	a cara	das Gesicht
	bebe-se um copo	man geht einen trinken
	a expressão	der Ausdruck
	utilizado, -a (>utilizar)	gebraucht, benutzt
	divertir(-se)	(sich) amüsieren
	sentado, -a (>sentar)	sitzend
	a música ambiente	die Hintergrundmusik
	a música	die Musik
	sons e tons ao vivo	Klänge und Töne live
	o som, os sons	der Klang, die Klänge
	o tom, os tons	der Ton, die Töne
	o sorriso	das Lächeln

	a gargalhada	das Gelächter
	passeiam-se as mãos e as bocas em gestos de ternura	Hände und Münder wandern in zärtlichen Gesten
	inf.: passear-se	
	a mão	die Hand
	a boca	der Mund
	a ternura	die Zärtlichkeit
	o brinde	der Trinkspruch
	brindar	anstoßen
A 19	sobre o que entendeu	über das, was Sie verstanden haben
	sobre	über
	o telefonema	das Telefongespräch
	anote tudo	notieren Sie alles
	inf.: anotar	
	o convidado, a convidada	der Gast
	compare os seus resultados	vergleichen Sie Ihre Ergebnisse
	inf.: comparar	
	o resultado	das Ergebnis
	o encontro	das Treffen
T 2	*Um convite*	
	o convite	die Einladung
	o intercâmbio	der Austausch
	eu convidei-a	ich habe sie eingeladen
	pôr as crianças na cama	die Kinder ins Bett bringen
	absolutamente	völlig
	impossível (m./f.)	unmöglich
	a reunião	die Sitzung
	antes das oito	vor acht Uhr
	antes de	vor
	sair para jantar	essen gehen
	deixar as crianças sozinhas	die Kinder allein lassen
	sozinho, -a	allein
	é verdade	das ist richtig/wahr
	a verdade	die Wahrheit
	normalmente	normalerweise
	perfeitamente	perfekt
	possível	möglich
	tá descansada (tá = está)	sei beruhigt
	descansado, -a	ruhig, sorglos
	difícil (m./f.)	schwer, schwierig
	facílimo	ganz leicht
	a lembrança	die Aufmerksamkeit
	útil (m./f.)	nützlich
	o charme	der Charme
	ir dar uma volta	einen Spaziergang machen
	vários, -as	mehrere
	a periferia	der Stadtrand
	ambos, -as	beide

	resolvemos mudar para o centro	wir haben beschlossen, ins Zentrum zu ziehen
	inf.: resolver	
	o trânsito	der Verkehr
	infernal (m./f.)	höllisch
	um lugar muito verde	eine Gegend mit sehr viel Grün
	verde (m./f.)	grün
A 20	o tempo livre	die Freizeit
	o seu „hobby“ ocupa todo o seu tempo livre?	nimmt Ihr Hobby Ihre ganze Freizeit in Anspruch?
	inf.: ocupar	

UNIDADE 9

1	o clima	das Klima
	húmido, -a	feucht
	o Inverno	der Winter
	chuvoso, -a	regnerisch
	nas regiões montanhosas	in den Bergregionen
	montanhoso, -a	gebirgig
	neva	es schneit
	inf.: nevar	
	temperado, -a	mild, gemäßigt
K	o Outono	der Herbst
	a Primavera	der Frühling
2	sem dúvida	zweifellos
	chove menos	es regnet weniger
	inf.: chover	
	são aguaceiros rápidos	es sind kurze Schauer
	é chuva contínua	es ist Dauerregen
	a chuva	der Regen
	contínuo, -a	dauernd, fortgesetzt, durchgehend
A 2	comparar alguns aspectos	einige Aspekte vergleichen
	o preço	der Preis
	o ritmo de vida	der Lebensrhythmus
	limpo, -a	sauber
	poluído, -a	verschmutzt
	formal (m./f)	förmlich
	reservado, -a	zurückhaltend
	numeroso, -a	zahlreich
	frequentado, -a	besucht, Zulauf haben
	lento, -a	langsam
3	eu gostava de ir	ich würde gern gehen
	faz sol	es ist sonnig
	faz calor	es ist warm
	além disso	außerdem, dazu

	o pinheiral	der Pinienwald
	antigo, -a	alt, historisch
	o vento norte	der Nordwind
	o mar bravíssimo	das sehr raue Meer
	bravo, -a	wild
	eu preciso de relaxar	ich muss mich entspannen
K	como está o tempo?	wie ist das Wetter?
	está sol/faz sol	die Sonne scheint
	está frio/faz frio	es ist kalt
	está vento/faz vento	es ist windig
	queria tanto passar férias	ich möchte so gern Ferien verbringen
	no estrangeiro	im Ausland
	necessito de sol	ich brauche Sonne
	inf.: necessitar	
	tenho necessidade de	ich habe das Bedürfnis nach
	inf.: ter necessidade	
A 3	noutra cidade	in einer anderen Stadt
	noutro, -a	in einem/einer anderen
	falam disto e daquilo	sie reden über dies und das
	entre outras coisas	unter anderem
A 4	alugar um grupo de músicos	eine Band engagieren
	receber telefonemas	Anrufe bekommen
A 5	o vídeo	das Video
	eu gosto mais de nadar do que de andar de bicicleta	ich mag lieber schwimmen als Rad fahren
	mais … do que	lieber … als
A 6	compare-se	vergleichen Sie sich
	inf.: camparar-se	
4	o próximo comboio para o Porto	der nächste Zug nach Porto
	de que linha parte?	von welchem Gleis fährt er ab?
	inf.: partir	
	a linha	*hier:* das Gleis
A 7	a tabuleta	die Anzeigetafel
	a chegada	die Ankunft
A 8	quais são as palavras que se referem a …?	welche Wörter beziehen sich auf …?
	inf.: referir-se	
	tarifas especiais	Sondertarife
	a tarifa	der Tarif
	a compra de bilhetes	der Fahrkartenkauf
	o reformado	der Rentner
	o pensionista	der Pensionär
	a redução	die Ermäßigung
	o bilhete de ida-e-volta	Hin- und Rückfahrkarte
	deficientes – „tarifa dois por um“	Behinderte – „Tarif zwei für einen“

	o cartão jovem	der Jugendpass
	o passageiro	der Fahrgast
	válido, -a	gültig
	o bilhete simples	die einfache Fahrkarte
	as pessoas idosas	die alten Leute, Senioren
	idoso, -a	alt
A 9	aproveitar a oferta	das Angebot wahrnehmen
	ir junto	mitkommen
	o papel	*hier:* die Rolle
	o argumento	das Argument
	usar	benutzen
	realizar	verwirklichen
5	nós damos-lhe tempo	wir geben Ihnen Zeit
	lhe	ihm/ihr/Ihnen
	umas curtas férias	ein kurzer Urlaub
	curto, -a	kurz
	venha connosco	kommen Sie mit uns
	rico, -a	reich
	quem passa não esquece a vista de…	wer vorbeifährt, vergisst niemals den Blick auf …
	inf.: esquecer	
	por perto	in der Nähe
	percorrer	durchfahren
	a linha	*hier:* die Strecke
	cidades que podem ser visitadas	Städte, die besucht werden können
	ser visitado	besucht/besichtigt werden
	através da nossa rede	auf unserem Streckennetz
	a rede	das Netz
	o dia do ambiente	der Tag der Umwelt
	respeitar	respektieren, schonen
	seguro, -a	sicher
	poluente (m./f.)	umweltverschmutzend
	energeticamente económico	energiesparend
	económico, -a	wirtschaftlich, sparsam
6	o Alfa, o Intercidades	Zugtypen, entspr. ICE, IC
	qual é a diferença?	was ist der Unterschied?
	reservar lugar	einen Platz reservieren
	com antecedência	im Voraus
	primeira ou segunda classe	erste oder zweite Klasse
A 10	nas duas situações seguintes	in den zwei folgenden Situationen
	a situação	die Situation
	consulte o horário	sehen Sie auf dem Fahrplan nach
	parar em Coimbra	in Coimbra (an)halten
A 11	atenção Srs. passageiros!	Achtung! Achtung!
	o aviso	die Durchsage
	a hora certa	die genaue Uhrzeit
	o avião	das Flugzeug

A 12	para ir esquiar	um zum Skiurlaub zu fahren
	para ir a Inglaterra	um nach England zu fahren
	Anedota brasileira	
	para pedir uma informação	um eine Auskunft zu erbitten
	quanto tempo leva um voo?	wie lange dauert ein Flug?
	um minutinho	einen Augenblick
	puxa!	Donnerwetter!
A 13	*A partida*	
T 1	o mais depressa possível	so schnell wie möglich
	tenho medo de perder o comboio	ich habe Angst, den Zug zu verpassen
	inf.: ter medo de	
	na hora de ponta	in der Hauptverkehrszeit
	vamos pela marginal	lassen Sie uns die Uferstraße nehmen
	a mala	der Koffer
	ele está com atraso	er hat Verspätung
	acalme-te	beruhige dich
	inf.: acalmar-se	
	a carruagem	der Waggon
	devagar	langsam
	o beliche	der Liegeplatz
	a ajuda	die Hilfe
	dá cumprimentos aos teus pais	grüß deine Eltern
	o cumprimento	der Gruß
	até à volta	auf Wiedersehen
	a volta	die Rückkehr
A 14	a bagagem	das Gepäck
A 15	novamente	nochmals
	ela não diz ... mas sim ...	sie sagt nicht ..., sondern ...
	o comboio está atrasado	der Zug hat Verspätung
	com calma	in aller Ruhe
A 17	em que estação do ano?	in welcher Jahreszeit?
	o Verão	der Sommer
T 2	*Viajar contra a maré*	
	contra a maré	gegen den Strom
	a maré	die Flut
	assim que	sobald
	o frio	die Kälte
	pensar em fugir	daran denken zu flüchten
	o sol dos trópicos	die tropische Sonne
	os trópicos	die Tropen
	a montanha	das Gebirge
	o engenheiro químico	der Chemieingenieur
	22 dias úteis de férias	22 Werktage Urlaub
	o dia útil	der Werktag
	como a maioria dos mortais	wie die Mehrzahl der Sterblichen
	o mortal, os mortais	der Sterbliche, die Sterblichen

parte à procura de águas quentes	er fährt los auf der Suche nach warmen Gewässern
a procura	die Suche
as águas	die Gewässer
a América Latina	Lateinamerika
o seu destino preferido	sein Lieblingsziel
o destino	*hier:* das Ziel
seria uma excepção à regra	er wäre eine Ausnahme von der Regel gewesen
a excepção	die Ausnahme
a regra	die Regel
cada vez mais	immer mehr
o viajante	der Reisende
o funcionário público	der Beamte
público, -a	staatlich
uma semana é gasta em Setembro	eine Woche (Urlaub) wird im September genommen
de resto	im Übrigen
metade do tempo	eine Hälfte der Zeit
a outra	die andere (Hälfte)
a Índia	Indien
ficar contente	zufrieden sein
para ficar	um dazubleiben
ou seja	das heißt
tirar duas semanas	zwei Wochen verbringen
garante	erklärt er (mit Nachdruck)
inf.: garantir	
perceber	merken
fugindo das grandes épocas	wenn sie die Hochsaison vermeiden
a grande época	*hier:* die Hochsaison
a época	die Jahreszeit

UNIDADE 10

1	na rota do vinho verde	auf der Route des grünen Weins
	chamaram-lhe verde	man hat ihn grün genannt
	crescer	wachsen
	a paisagem	die Landschaft
	verdejante (m./f.)	grün
	a sua proximidade com o mar	ihre Nähe zum Meer
	conferem-lhe um clima bastante húmido	verleihen ihr ein ziemlich feuchtes Klima
	inf.: conferir	
	bastante	ziemlich
	a colheita	die Ernte
	leve (m./f.)	leicht
	uma agradável efervescência	ein angenehmes Moussieren
	agradável (m./f.)	angenehm
	é cultivado	wird angebaut
	inf.: cultivar	
	o Noroeste	der Nordwesten

	uma região que se estende por ...	eine Region, die sich ausdehnt über ...
	inf.: estender-se	
	desce ao Douro Litoral	senkt sich zum Douro Litoral (Provinz in Nordportugal)
	o litoral	die Küste
	o mercado	der Markt
	europeu, europeia	europäisch
	consta que ...	man sagt, dass ...
	inf.: constar	
	uma pipa de vinho	ein Fass Wein
	a libra	das Pfund Sterling
A 1	o preço do pão vai subir	der Brotpreis wird steigen
	o habitante	der Einwohner
	o tripeiro	der Kuttelesser
A 2	o endereço	die Anschrift
A 3	no lugar de	an Stelle von, statt
2	é uma província no Litoral Norte	ist eine Provinz an der Nordküste
	o milho	der Mais
	sobretudo	vor allem
	onde se produz vinho	wo Wein erzeugt wird
	inf.: produzir	
	a indústria têxtil	die Textilindustrie
	a mais importante	die wichtigste (Industrie)
	o caldo verde	die Kohlsuppe
	bacalhau assado na brasa	gegrillter Klippfisch
	a brasa	die Glut
	amigo de festas e romarias	Freund von Festen und Wallfahrten
	os produtos agrícolas	die landwirtschaftlichen Erzeugnisse
	agrícola (m./f.)	landwirtschaftlich
	a indústria naval	der Schiffbau
	o calçado	die Schuhwaren
	as conservas	die Konserven
	os lacticínios	die Milchprodukte
	a indústria metalúrgica	die Metallindustrie
	a indústria siderúrgica	die Eisenhütten
	a indústria química	die chemische Industrie
	chuva forte	starke Regenfälle
	a temperatura	die Temperatur
	moderado, a	gemäßigt
	tanto ... como ...	so ... wie ...
	o Interior Norte	das nördliche Binnenland
	chuva fraca	leichte Regenfälle
	fraco, -a	leicht
	médio, -a	mittlere
A 4	o mapa	die Karte
	fabricar	herstellen
	extrair	gewinnen

A 5	descrever	beschreiben
	a localização	die Lage
	o elemento	*hier:* die Angabe
A 6	ficar bem	gut passen
	no cimo	ganz oben (im Norden)
	o ninho	das Nest
	a árvore	der Baum
	um mar de pedras	ein Meer von Steinen
	tudo parado e mudo	alles reglos und stumm
	o solo	der Boden
	é capaz de dar pão	ist fähig, Brot zu geben
	parecem relvados	sehen aus wie Rasenflächen
	a sombra	der Schatten
	senão	außer
	o céu	der Himmel
	o chapéu	der Hut
	a pátria	das Vaterland
	aliviado, -a	erleichtert
	a tristeza em pessoa	die Traurigkeit in Person
	a brancura dos corpos e das almas	das Weiß der Körper und der Seelen
	a roupa	die Kleidung
	tece-se	wird gewebt (man webt)
	inf.: tecer	
	soprar	(an)blasen
3	a ementa	die Speisekarte
	o couvert	das Gedeck
	as entradas	die Vorspeisen
	o cocktail de gambas	der Garnelencocktail
	os espargos	Spargel
	a salada	der Salat
	a pescada dourada	der gebratene Schellfisch
	o linguado grelhado	die gegrillte Seezunge
	grelhado, -a	gegrillt
	a garoupa	der Zackenbarsch
	a truta	die Forelle
	os escalopes de vitela	die Kalbsschnitzel
	as febras de porco no churrasco	die gegrillten Schweineschnitzel
	o lombo	die Lende
	frito, -a	fritiert, kurz gebraten
	o pudim	der Pudding
	IVA incluido	Mehrwertsteuer inklusive
A 7	ser preparado	zubereitet werden
A 8	o pedaço	das Stück
	refogado, -a	geschmort
	a cebola	die Zwiebel
	a couve galega	eine Kohlsorte
	fininho, -a	ganz fein

	depois de (a sopa estar) pronta	nachdem die Suppe fertig ist
	um fio de azeite	ein paar Tropfen Olivenöl
	o fio	der Faden
	a rodela	die Scheibe
	uma espécie de marisco	eine Muschelart
	feito, -a	zubereitet
	a vitela assada	der Kalbsbraten
	o cozido à portuguesa	der portugiesische Eintopf
	a caldeirada de peixe	der Fisch-Eintopf
	a açorda	der Brotbrei
	o gaspacho	die kalte Gemüsesuppe
	a cataplana	die Kupferpfanne
A 9	satisfeito, -a	zufrieden, satt
	a panela	der Topf
	o cabrito	das Zicklein
	o forno	der Backofen
	a grelha	der Grill
	a frigideira	die Bratpfanne
A 10	variado, -a	reichhaltig
	recomendar	empfehlen
4	acompanhado, -a	als Beilage (*wörtl.*: begleitet)
	os grelos	ein spinatartiges Gemüse
	antes quero o bacalhau	lieber nehme ich Stockfisch
	mal passado	kurz gebraten
	bem passado	durchgebraten
K	a especialidade da casa	die Spezialität des Hauses
A 12	o pedido	die Bestellung
A 13	o cliente	der Kunde, der Gast
	gentilmente	höflich
	inseguro, -a	unsicher
	o conselho	der Rat
	aconselhar	raten, empfehlen
5	a conta	die Rechnung
	o sorvete = o gelado	das Speiseeis
	a baunilha	die Vanille
A 14	a reclamação	die Reklamation, die Beschwerde
	o talher (faca, garfo, colher)	das Besteck (Messer, Gabel, Löffel)
6	a gente vai saindo	wir verschwinden unauffällig
A 16	a comida regional	die regionale Küche
A 17	tratar por tu	mit du anreden
	tratar por senhor/você	mit Sie anreden
	abrir a janela	das Fenster öffnen
	acender a luz	das Licht anschalten
	comigo	mit mir

	fechar a porta	die Tür schließen
	escutar a cassete	die Kassette anhören
A 18	*O „Papa Açorda“*	
T	o papa açorda	der Schwächling
	à base de …	auf der Grundlage von …
	o cereal	das Getreide
	o Próximo-Oriente	Nahost
	o Extremo-Oriente	Fernost
	o nome	der Name
	as migas	die Brotkrumen
	a papa	der Brei
	na sua simplicidade básica	in ihrer elementaren Einfachheit
	básico, -a	grundlegend
	com água a ferver	mit kochendem Wasser
	acrescentar	hinzufügen
	o camarão	die Krabbe
	criar	erfinden
	refinado, -a	raffiniert
	saboroso, -a	schmackhaft
	dever	*hier:* verdanken
	um prato finíssimo	ein exquisites Gericht
	inaugurar	eröffnen, einweihen
	o consumidor	der Verbraucher
	o ovo esfarrapado	das eingerührte Ei
	a um preço puxado	zu einem hohen Preis
	o manjar de reis	das königliche Gericht
	o rei	der König
A 19	ter em comum	gemeinsam haben
A 20	a arte	die Kunst
A 21	a ocasião	die Gelegenheit

UNIDADE 11

1	sabes o que acabei de ver?	weißt du, was ich eben gesehen habe?
	inf.: acabar (de …)	beenden, aufhören (zu …)
	no tanque da Guidinha	am Waschtrog von Guidinha (= Margarida)
	e aposto que …	und ich wette, dass …
	inf.: apostar	
	à volta dele	um ihn herum
	está uma multidão … a rir-se	steht eine Menge und lacht
	rir-se	lachen
	ela veio cá ter a criança	sie ist hierhergekommen, um ihr Kind zu kriegen
	engraçado, -a	ulkig, wunderlich
	diz-me lá	sag mal
	nem todos	nicht alle

K	queres ver que vais ver que ...	du wirst sehen (*wörtl.:* willst du sehen, dass) du wirst sehen, dass ...
A 1	a divisão técnico, -a complicado, -a	die Aufteilung technisch kompliziert
	Anedotas o concerto em vez de puxar o banco último, -a cuidado hem!	 das Konzert statt den Hocker heranzuziehen letzter nehmt euch in Acht!
A 2	os Srs. conseguiram bilhetes? *inf.:* conseguir	haben Sie Flugscheine bekommen?
A 3	o desenho faça hipóteses a hipótese	die Zeichnung stellen Sie Vermutungen an die Annahme, die Vermutung
A 4	as lulas	die Tintenfische
A 5	como achaste a nossa avó? o morango	wie fandest du unsere Großmutter? die Erdbeere
A 6	a livraria um livro discutido o autor a biblioteca a vitrina	die Buchhandlung ein vieldiskutiertes Buch der Autor die Bibliothek das Schaufenster
2	sabes lá da minha vida?! o meu cunhado é verdade, pá descascar batatas pôs-me uma faca na mão e pronto *inf.:* pôr	du kannst dir mein Leben nicht vorstellen mein Schwager wirklich, du Kartoffeln schälen gab mir ein Messer in die Hand und fertig
A 10	muito prazer em conhecer ... interromper	freut mich, ... kennen zu lernen unterbrechen
A 11	a ligação péssimo, -a com certeza a lavandaria	die Verbindung sehr schlecht natürlich, sicher die Wäscherei
3	onde é que tu andas? e daí? só te vejo entrando, saindo, vendo televisão, jogando ... namorando a oficina	wo treibst du dich herum? na und? ich sehe dich nur hereinkommen, hinausgehen, fernsehen, spielen, flirten die Werkstatt
A 12	ser respondido	beantwortet werden
A 13	as condições de trabalho o seguro social as férias pagas	die Arbeitsbedingungen die Sozialversicherung der bezahlte Urlaub

A 14	dantes	früher
	a avó/as avós/os avós	die Großmutter/die Großmütter/die Großeltern
T 1	*Fado*	
	antiquado, -a	altmodisch
	triste (m./f.)	traurig
	infeliz (m./f.)	unglücklich
	escuro, -a	dunkel
	cinzento	grau
	o meio tom	der halbe Ton
	o sentimento	das Gefühl
	a referência	*hier:* die Leitfigur
	a posteridade	die Nachwelt
	a cantora	die Sängerin
	uma geração de excelentes intérpretes	eine Generation ausgezeichneter Interpreten
	a década de 90	die neunziger Jahre
	a década	das Jahrzehnt
	renovando o fado	erneuerte den Fado
	tornando-o …	machte ihn …
	ligeiro, -a	leicht
	harmonioso, -a	harmonisch
	recorrendo a instrumentos outrora impensáveis	indem sie auf Instrumente zurückgriff, die früher unvorstellbar gewesen wären
	o instrumento	das Instrument
	impensável (m./f.)	unvorstellbar
	outrora	früher
	o caso	der Fall
	tradicional (m./f.)	traditionell
	introduziu a modernidade	er hat die Modernität eingeführt
	inf.: introduzir	
	o contra-baixo	der Kontrabass
	a voz	die Stimme
	adulta (m./f.)	erwachsen
	erudito, -a	gebildet, kultiviert
	bebeu nas raízes do fado	trank aus den Quellen des Fados
	a raís	die Wurzel
	o escritor	der Schriftsteller
	Festival das Músicas e dos Portos	
	uma música nascida de …	eine Musik, die geboren ist aus …
	nascida >nascer	
	vizinho de	benachbart
	o porto	der Hafen
	ligado, -a	verbunden
	a cidade portuária	die Hafenstadt
	portuário, -a	Hafen …
	provavelmente	wahrscheinlich
	a semelhança	die Ähnlichkeit
	ao nível dos sentimentos	auf der Ebene der Gefühle
	a saudade	die Sehnsucht

	os amores funestos	die verhängnisvollen Liebschaften
	incompreendido, -a	unverstanden
	a desavença	der Streit
	o blues não se distancia	der Blues ist nicht weit davon entfernt
	inf.: distanciar	
	antes pelo contrário	ganz im Gegenteil
	o contrário	das Gegenteil
	o lamento	die Klage
	profundo, -a	tief
	a origem	der Ursprung
	a lamentação	die Klage
	após	nach
	a abolição da escravatura	die Abschaffung der Sklaverei
	milhares de escravos libertados	tausende befreiter Sklaven
	o escravo	der Sklave
	libertado, -a	befreit
	encher	füllen
	nascendo > nascer	
	novas formas musicais afro-americanas	neue Arten afro-amerikanischer Musik
	a forma	*hier:* die Art
	musical (m./f.)	musikalisch
A 15	para si	für Sie
	o fadista	der Fadosänger
A 16	anual (m./f.)	jährlich
A 17	pessoalmente	persönlich
T 2	*O ambiente do fado*	
	um naco de broa de milho	ein Stück Maisbrot
	regado, -a	begossen
	bruxeleado, -a	flackernd
	a luz das velas	das Kerzenlicht
	a vela	die Kerze
	o silêncio é imprescindível	Stille ist geboten
	imprescindível (m./f.)	unverzichtbar
	está montado	ist hergestellt
	silêncio, que se vai cantar o fado	Ruhe, jetzt wird der Fado gesungen

ALPHABETISCHER WORTSCHATZ

QUELLENVERZEICHNIS

Seite 12	Luis Figo, Mário Soares und Amália Rodrigues: © SV-Bilderdienst; Maria Joao Pires: © picture-alliance/akg-images/Marion Keller; Vieira da Silva: Ullstein/Camera Press Ltd/Karsh of Ottawa; Fernando Pessoa: Ammann Verlag, Zürich
Seite 26	Von Rahden, Hamburg
Seite 29	Herbert Schiessl, Unterföhring
Seite 38/39	© Hotel Arribas, Sintra
Seite 49	Von Rahden, Hamburg (1×) Herbert Schiessl, Unterföhring (2×) Alfred Gergmaier, Wurmannsquick (1×)
Seite 50	links: Annegret Heinold, Melides/Portugal; Mitte und rechts: Von Rahden, Hamburg
Seite 53	Rita Kohlmann, München
Seite 54	Von Rahden, Hamburg
Seite 55	Von Rahden, Hamburg
Seite 56	Peter Moerkerk, Unterhaching Von Rahden, Hamburg
Seite 61	V. Majic KG Filmprod. München
Seite 64	Joao Paulo/Icep Portugal
Seite 67	Von Rahden, Hamburg
Seite 71	Peter Moerkerk, Unterhaching
Seite 73	Peter Moerkerk, Unterhaching
Seite 75	Peter Moerkerk, Unterhaching
Seite 81	Helmut Wagner, Einbeck
Seite 90	Peter Moerkerk, Unterhaching
Seite 92	oben: von Rahden, Hamburg unten: Susanne Munz, Porto/Portugal
Seite 93	Von Rahden, Hamburg
Seite 94	oben links: MHV/Superstock; oben rechts: © IFA/Diaf; unten links: © Ropi/Maule; unten rechts: von Rahden, Hamburg
Seite 95	Von Rahden, Hamburg
Seite 104	Von Rahden, Hamburg
Seite 107	Foto: Von Rahden, Hamburg Text: aus „Noites de Luar", Lisboa step by step, Verao 2000
Seite 109	Von Rahden, Hamburg (2×)
Seite 110	Peter Moerkerk, Unterhaching
Seite 111	Von Rahden, Hamburg (4×)
Seite 112	Rita Kohlmann, München
Seite 116	© SV-Bilderdienst (3×)
Seite 119	Foto/Text: Caminhos de Ferro Portugueses, EP
Seite 120	Von Rahden, Hamburg
Seite 126	Gabriela Schmid, München
Seite 127	Peter Moerkerk, Unterhaching
Seite 129	Barbara Hinz, München
Seite 130	Xenia von Bahder, Kleinrinderfeld (2×) Peter Moerkerk, Unterhaching (1×) Herbert Schiessl, Unterföhring (1×) Frank Wunschmann, München (1×)
Seite 131	Von Rahden, Hamburg
Seite 133	Peter Moerkerk, Unterhaching
Seite 135	Von Rahden, Hamburg
Seite 141	Von Rahden, Hamburg
Seite 142	V. Majic KG Filmprod. München
Seite 156	Foto: © Reinaldo Rodrigues Text: aus „Fado", Lisboa step by step, Inverno 2000
Seite 157	Foto: © musicas.de GmbH Text: adaptiert nach „Fado" aus Lisboa step by step, Inverno 2000
Seite 158	Text: adaptiert nach „Fado" aus Lisboa step by step, Inverno 2000
Seite 159	Barbara Hinz, München
Seite 160	Foto: Peter Moerkerk, Unterhaching